AF524902

Valérie Jelger

Mein PUPPEN HAUS

aus 100 %
Recyclingmaterial

Bassermann

Inhalt

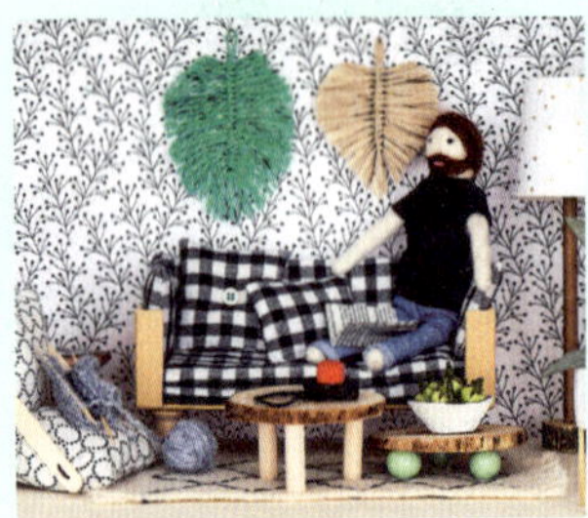

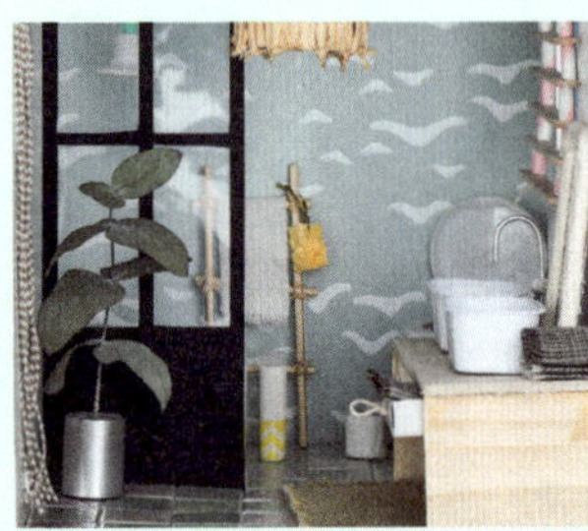

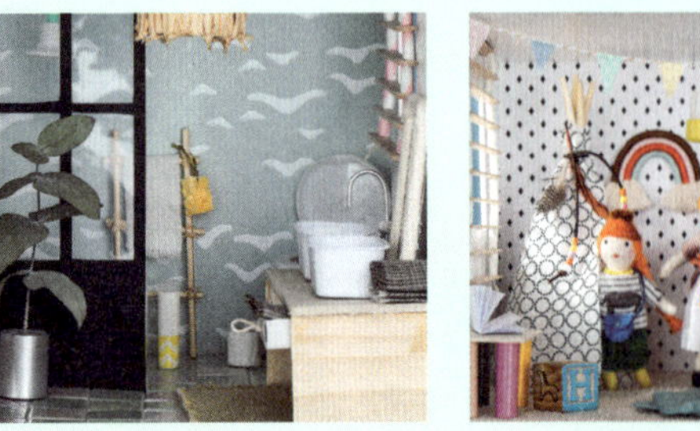

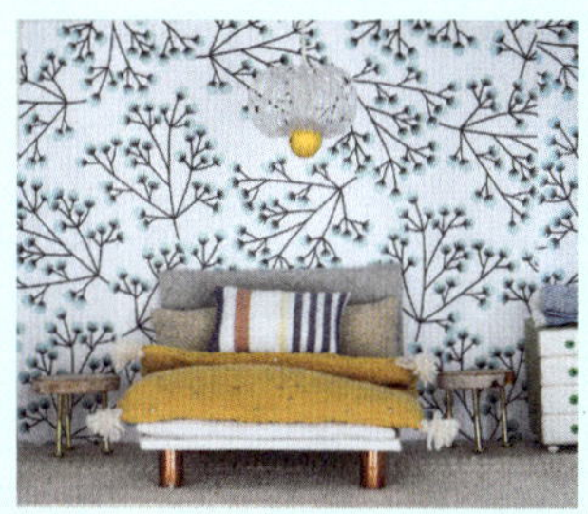

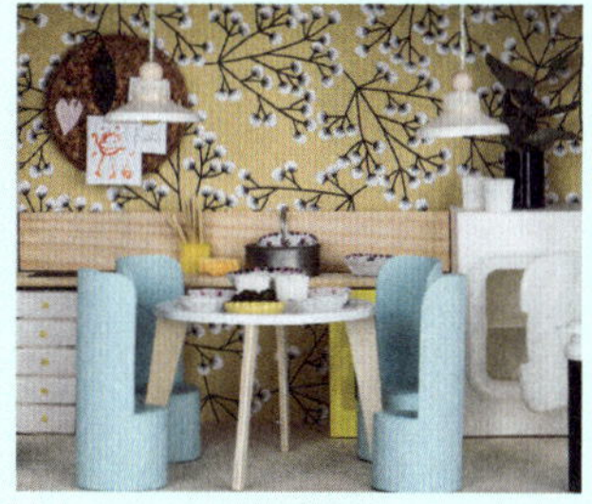

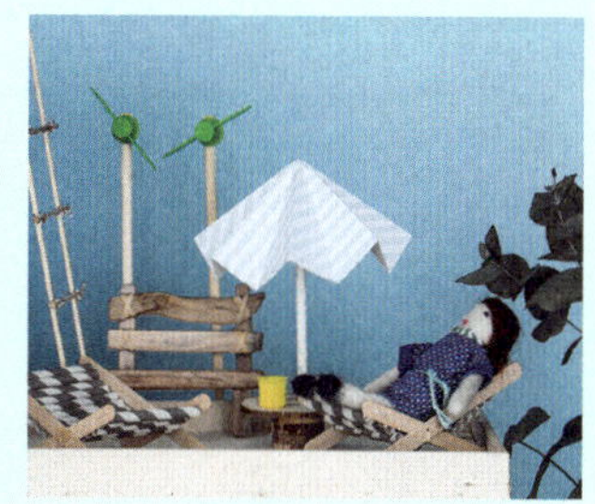

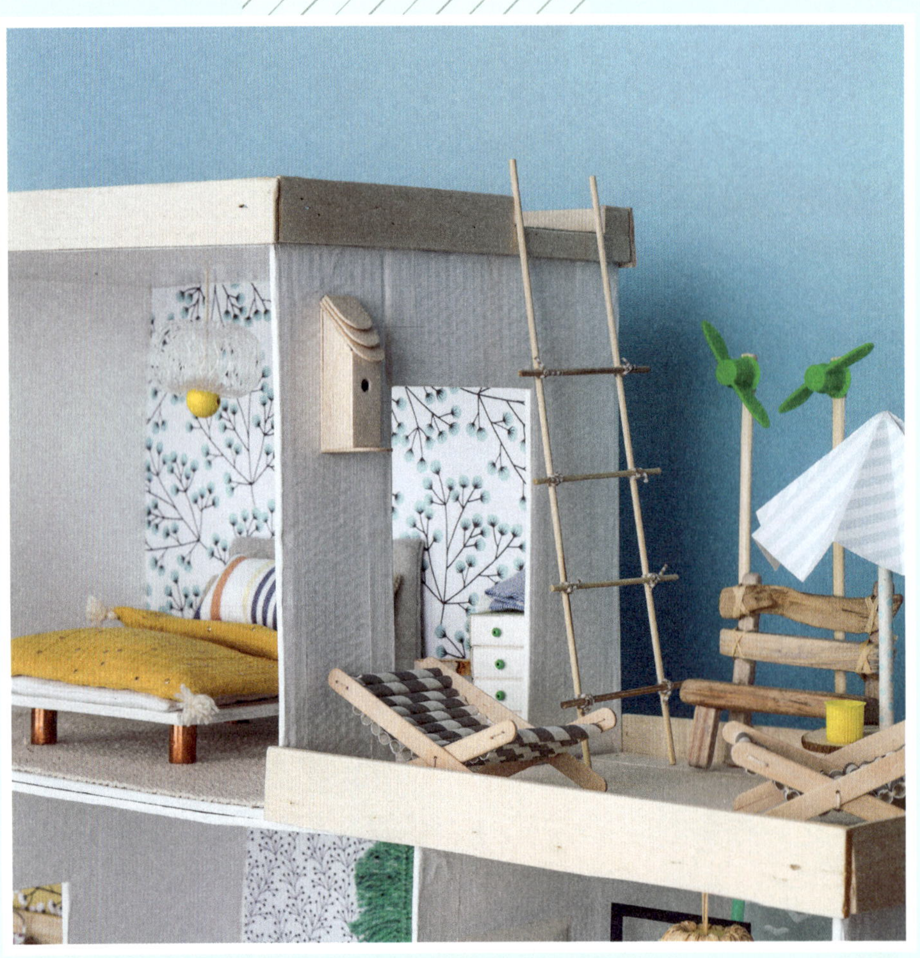

VORWORT

Alle Menschen brauchen ein Zuhause. Das kann ein Holzhaus an einem Fjord sein, eine Villa in der Stadt, eine Jurte aus gefilzter Wolle oder ein Lehmbau am Rand der Wüste. Das Zuhause hat in jeder Sprache einen anderen Namen, aber für die Menschen, die darin wohnen, bedeutet es immer dasselbe: Es ist ein Raum, der uns allein gehört, in den wir uns zurückziehen können, in dem wir uns mit anderen austauschen und an den wir uns immer erinnern.

Schnapp dir Schere und Klebstoff!

Beim Basteln dieses Puppenhauses kann die ganze Familie mithelfen. Gestaltet selbst das Haus, von dem ihr träumt, und erzählt dabei eure Geschichte!

Die Materialien, die dafür gebraucht werden, habt ihr wahrscheinlich im Haus, und viele davon würde man einfach wegwerfen. Aber überlegt zweimal, bevor ihr das tut! Ein Flaschendeckel kann zum Lampenschirm oder Blumentopf werden, eine kleine Schachtel zum Schrank, und größere Kartons werden zu Zimmern.

Die Figuren werden aus Filzwolle gebastelt, und sie dürfen gern Familienmitgliedern oder Freunden ähnlich sehen. Eine Figur könnte rote Haare haben, wie die Jüngste, eine andere hat vielleicht ein Muttermal wie die große Schwester. Auch das Basteln der Figuren wird in diesem Buch genau erklärt. Und wenn das Haus fertig ist, kann es sich immer weiter verändern. Du kannst zum Beispiel zur Weihnachtszeit einen Tannenbaum aufstellen oder zum Geburtstag eine Torte auf dem Esstisch servieren.

Reste der Pappe, die du zum Basteln benutzt, gehören in die Recyclingtonne, aber das weißt du bestimmt.

Um noch mehr tolle Ideen für das Haus zu entdecken und um unsere Erfahrungen als Baumeister auszutauschen, treffen wir uns auf Instagram: @maison-de-poupees-recup.

Wir alle müssen daran denken, unser größtes und wichtigstes Zuhause gut zu behandeln: unsere Erde.

RECYCLINGMATERIAL

Beim Bau dieses Hauses habe ich immer darüber nachgedacht, welche gebrauchten Materialien ich dafür verwenden könnte. Das wurde bald zu einem lustigen Spiel, denn vieles, was man achtlos wegwirft, kann man noch sehr gut zum Basteln verwenden. Und es macht viel Spaß, solchen Kleinigkeiten ein neues Leben zu schenken.

Für das Haus genügen ein paar größere stabile **Kartons**. Auch die Bretter von einer **Obstkiste** kann man gut gebrauchen. Und wenn eine Hose gekürzt wird, bewahre den abgeschnittenen **Stoff** auf, denn daraus kannst du noch Kissen und Polster für dein Puppenhaus nähen.

Schraubdeckel von Flaschen können viele Zwecke erfüllen. Sie können zu Möbelfüßen werden, zu Blumentöpfen, zur Klobrille oder zum Windrad für die Terrasse. **Schaumstoff**-Reste kannst du als Kissenfüllung benutzen, ein **Netz von Zwiebeln** kann zum Lampenschirm werden, aus einem **Eierkarton** kannst du Geschirr basteln, **Eisstiele** kannst du für Tischbeine hernehmen und Trinkhalme für einen Liegestuhl. Reste von Nähgarn und Wolle sind immer gut zu gebrauchen.

Siehst du, was ich meine? Es gibt so viele Schätze, die sich zum Basteln prima eignen. Überlege darum zweimal, bevor du etwas wegwirfst.

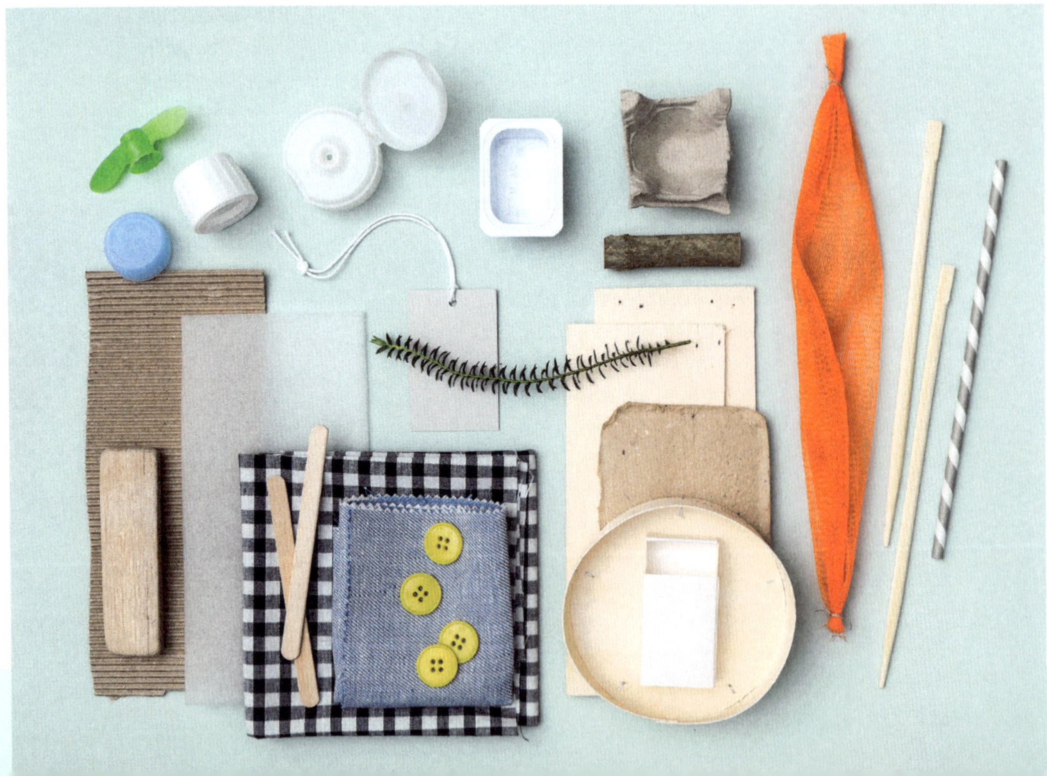

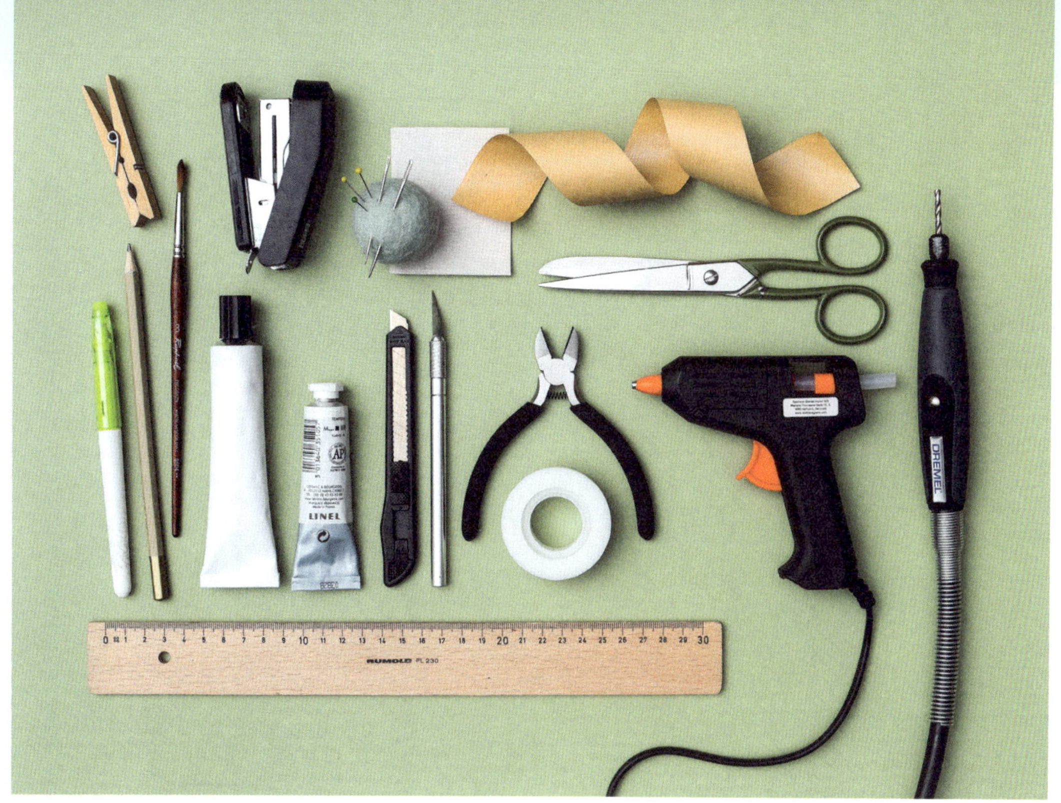

DER WERKZEUGKASTEN

Hier siehst du die Utensilien, die du zum Basteln des Puppenhauses brauchst. Sie sind auch bei den einzelnen Projekten noch einmal aufgeführt.

- Schneiden: **Cutter, Skalpell** für präzise Schnitte, **Schere** und **Seitenschneider**
- Kleben: **Klebestreifen, Heißklebepistole** und **Papierklebeband** (praktisch, weil es sich sehr gut bemalen lässt)
- Zeichnen: **Bleistift** und **Lineal** brauchst du unbedingt. Praktisch ist ein **Trickmarker.** Seine Striche verschwinden nach einer Weile von selbst, oder sie verblassen, wenn du warme Luft mit einem Föhn darauf bläst.
- **Wäscheklammern** und **Tacker,** um Teile vorübergehend zu fixieren, bis der Klebstoff, der sie zusammenhalten soll, ganz getrocknet ist
- **Schleifpapier** zum Glätten von Holz, **Farbe und Pinsel** zum Bemalen deines Hauses
- Eine **Mini-Bohrmaschine** (»Dremel«) oder einen Akkuschrauber und dünne Holzbohrer

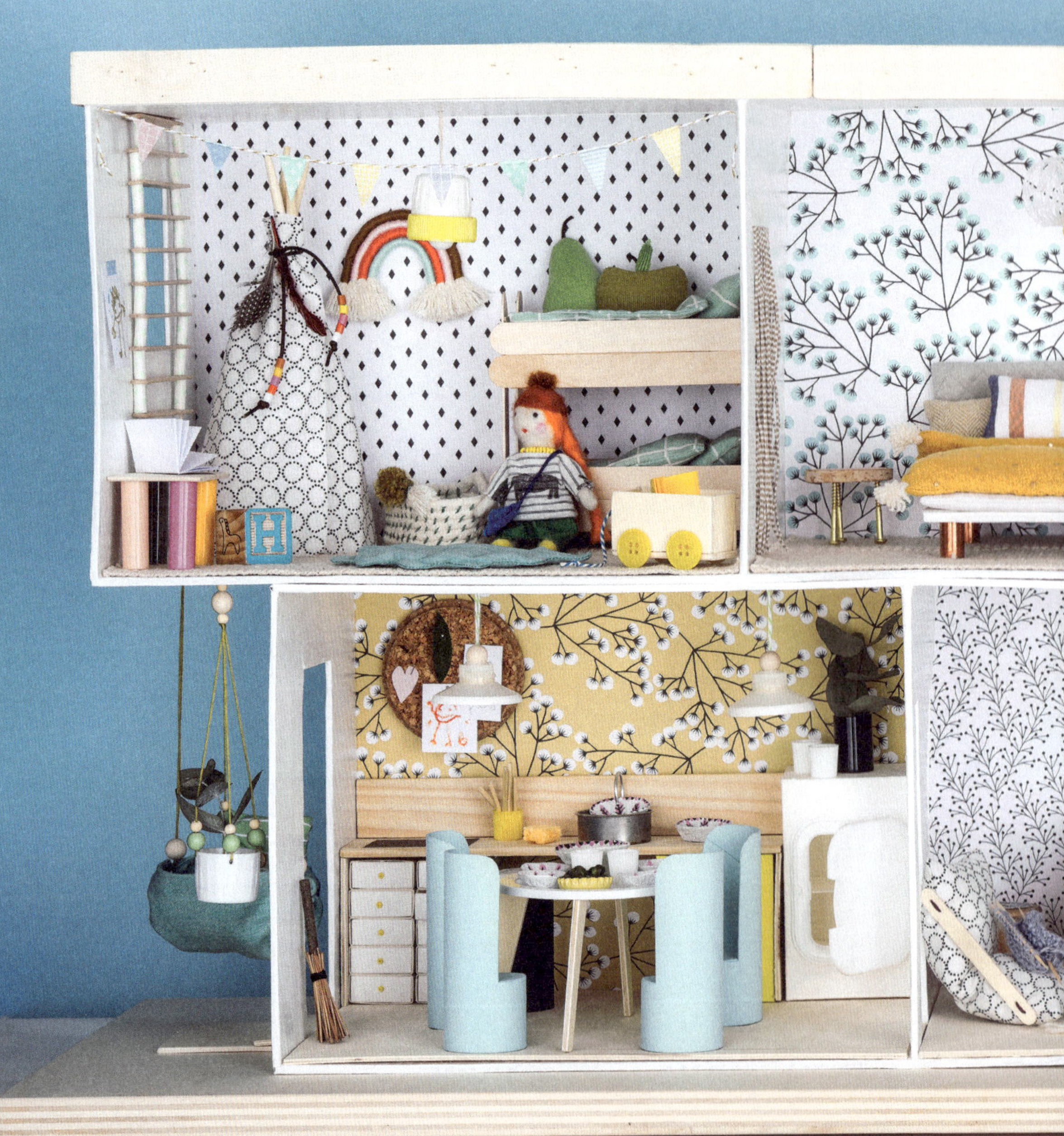

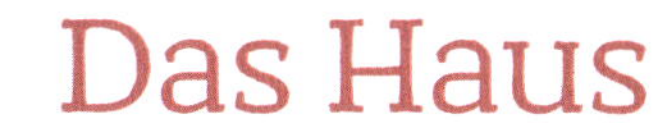
Das Haus

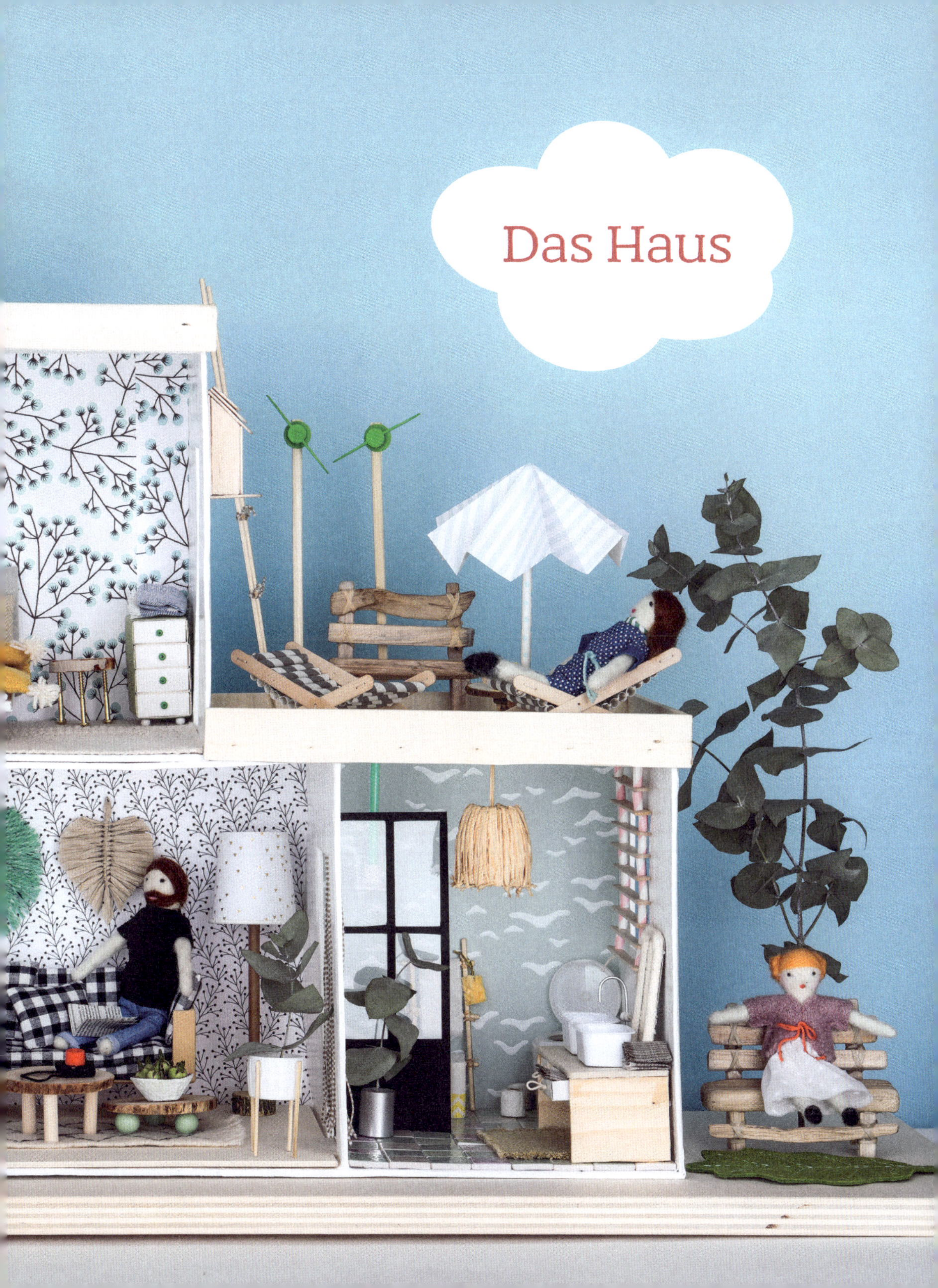

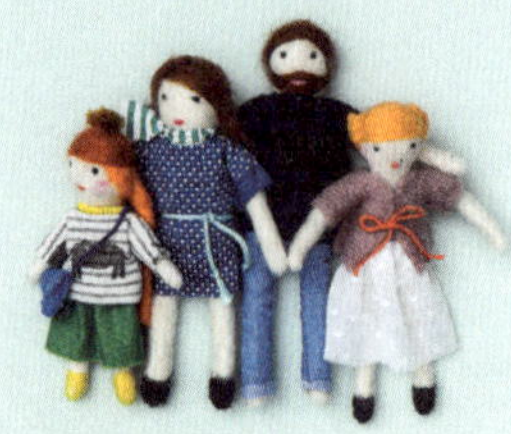

DIE BEWOHNER

Material

- Stoffreste
- Nadel und Faden
- kleine Perlen für eine Kette
- Filznadel
- Filzunterlage
- Schere
- Filzwolle (Kammzug) in Hautfarbe:
  - 12 g für den Vater (16,5 cm groß)
  - 11 g für die Mutter (15 cm groß)
  - 8 g für die große Schwester (13 cm groß)
  - 5 g für die kleine Schwester (11,5 cm groß)
- kleine Reste Filzwolle in verschiedenen Farben

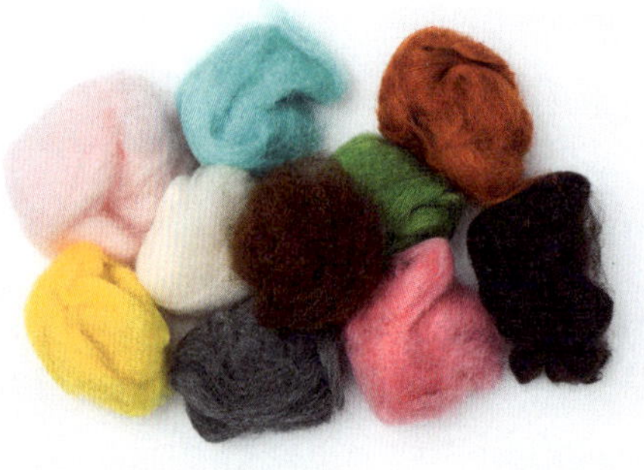

So geht's:

1. Zupfe einen 18 cm langen Strang von der Filzwolle ab und binde in die Mitte einen lockeren Knoten.

2. Ein Ende des Strangs locker um den Knoten wickeln und mit der Filznadel befestigen. Der Kopf muss jetzt noch nicht perfekt aussehen. Er wird später noch fester gefilzt.

3. Weitere Wollfasern um den oberen Teil wickeln und mit der Filznadel einstechen. Dadurch wird der Kopf dicker und nimmt allmählich Form an. Je öfter du mit der Filznadel einstichst, desto fester und kleiner wird der Kopf.

4. Jetzt werden Wollfasern um den Körper gewickelt und festgefilzt. Dabei entsteht der obere Teil des Rumpfs. Er ist etwas breiter als der Kopf.

5. Nun die restlichen Wollfasern um den unteren Rumpf wickeln und filzen, bis er schön gleichmäßig aussieht.

6. Vier dünne Wollstränge zwirbeln und filzen. Das werden die Arme und die Beine. Rolle sie ab und zu zwischen den Händen, damit sie eine gleichmäßige Form bekommen. Ein Ende jedes Teils muss ganz locker bleiben. Es wird später an den Rumpf gefilzt.

7. Die Gliedmaßen an den Rumpf setzen und festfilzen. Überstehende Wollfasern nicht gerade abschneiden, sondern mit der Schere ausfransen und an den Rumpf filzen.

8. Jetzt bekommen die Figuren Haare, Augen und einen Mund. Dafür werden die Reste farbiger Filzwolle verwendet.

Die Kleidung für deine Figuren kannst du aus bunten Stoffresten nähen. Der Vater bekommt Hose und T-Shirt. Der kleinen Schwester steht ein Kleidchen gut.

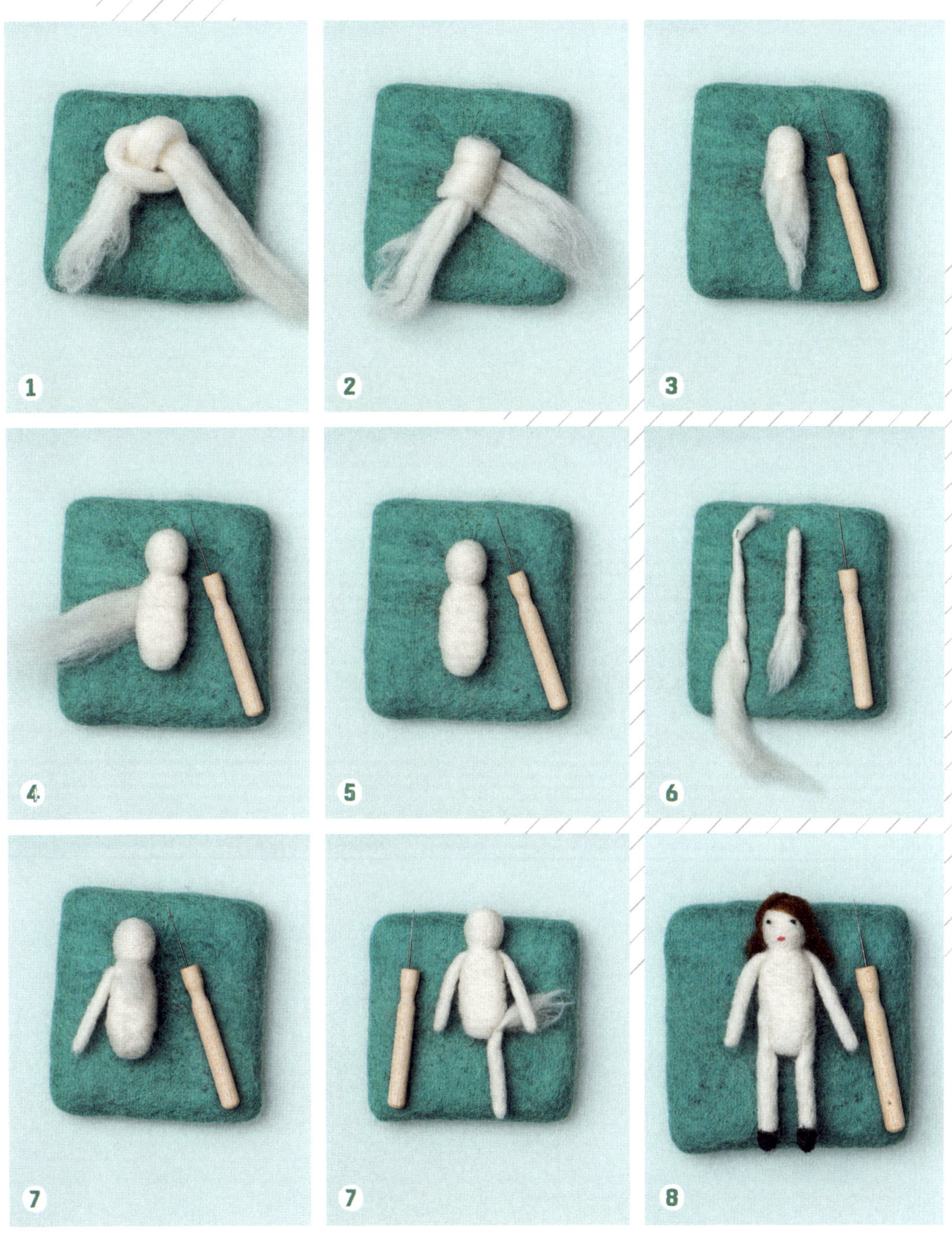
1
2
3
4
5
6
7
7
8

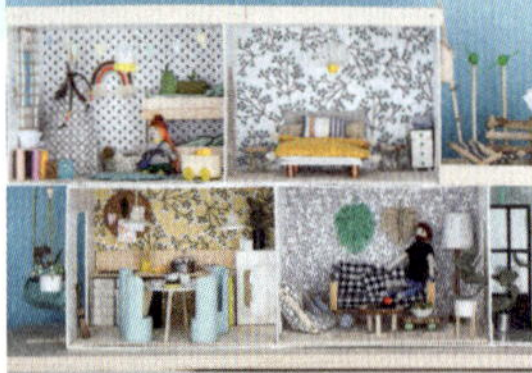

DAS HAUS

Der Rohbau

Material

- langes Lineal
- Cutter
- Bleistift
- weißes Papierklebeband
- Schwamm
- Acrylfarbe in Weiß (oder Farbe eigener Wahl)
- Pinsel

Recyclingmaterial

- stabile Pappe, sauber und ohne Löcher, 5 mm dick

Alle Angaben in cm

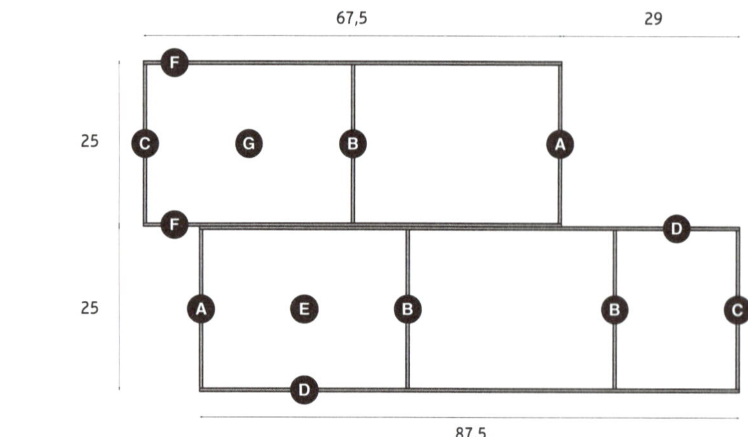

VORDERANSICHT

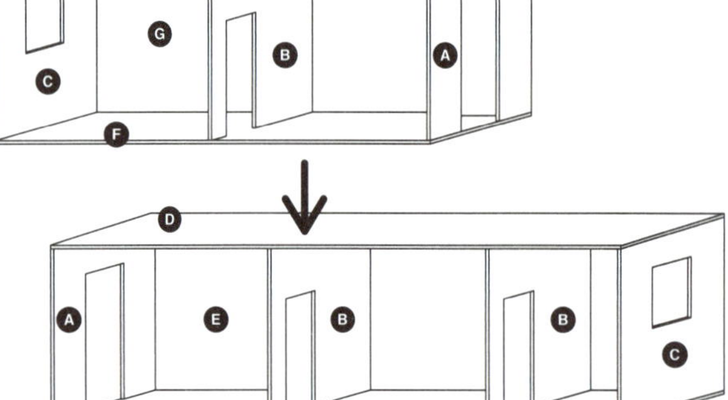

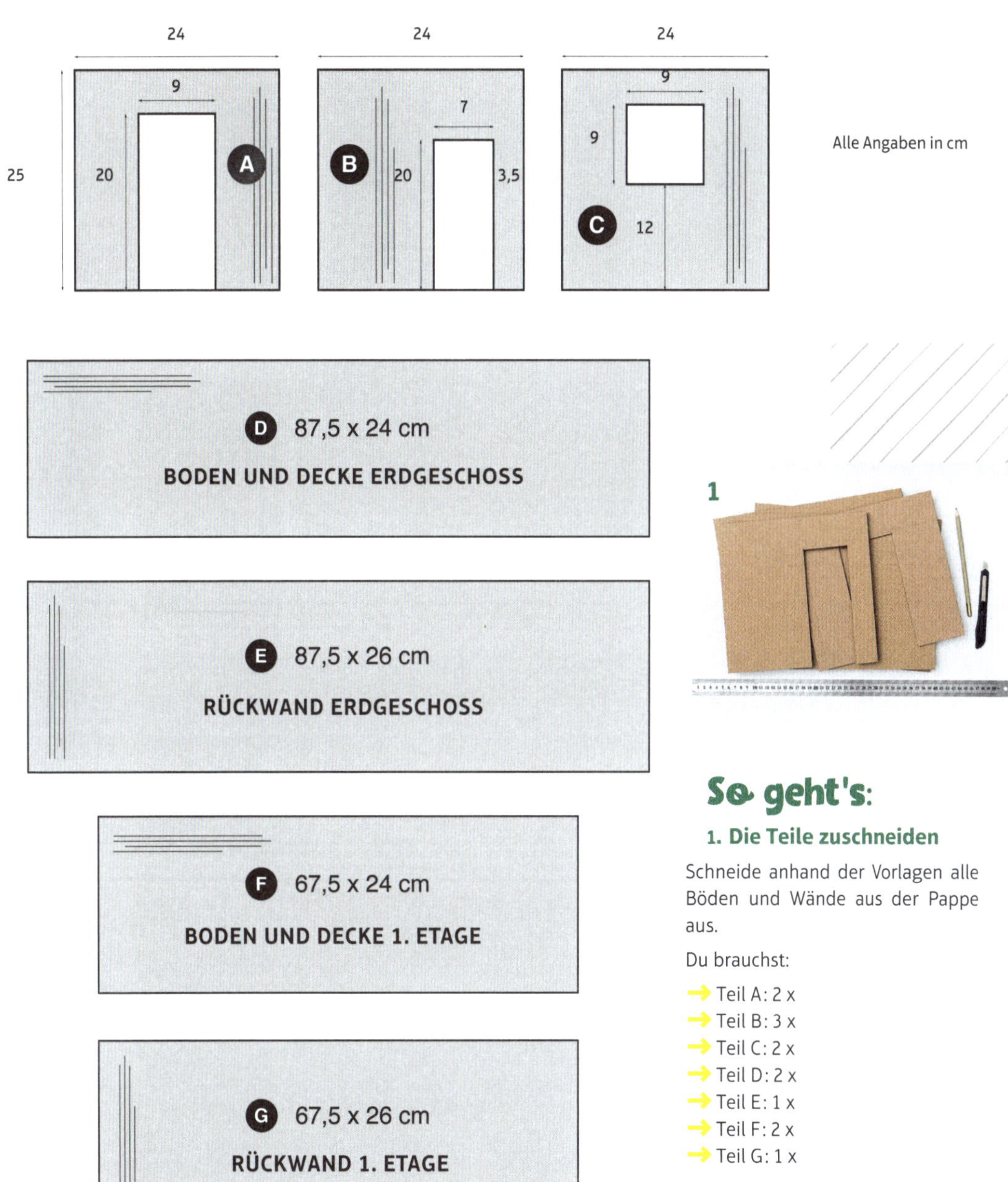

So geht's:

1. Die Teile zuschneiden

Schneide anhand der Vorlagen alle Böden und Wände aus der Pappe aus.

Du brauchst:

- → Teil A: 2 x
- → Teil B: 3 x
- → Teil C: 2 x
- → Teil D: 2 x
- → Teil E: 1 x
- → Teil F: 2 x
- → Teil G: 1 x

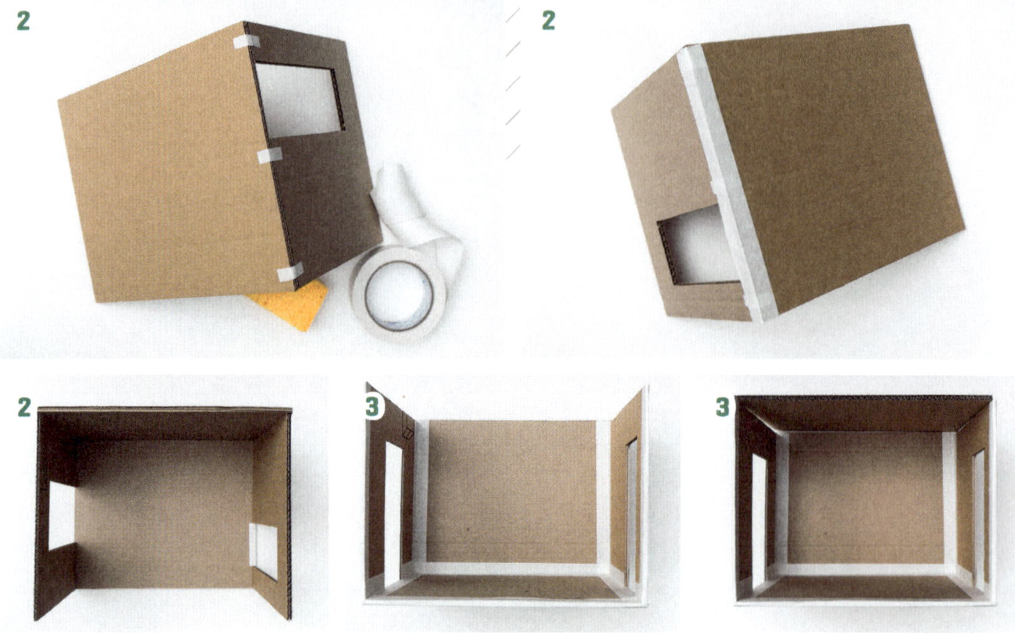

2. Die Teile zusammenbauen

Baue die Teile anhand der Zeichnung auf der vorherigen Seite zusammen. Die beiden Etagen werden separat gebaut und nur aufeinander gestellt. So lässt sich das Puppenhaus leichter tragen. Du hast also zwei stabile »Kästen« mit einer doppelten Lage Pappe zwischen den Etagen.

Lege zuerst die Bodenplatte auf deine Arbeitsfläche. Stelle die Wände darauf, klebe sie am Boden fest, und setze dann die Decke darauf.

Schneide aus dem Papierklebeband 5 mm breite Streifen zu. Damit kannst du die Teile zusammenhalten, bevor sie endgültig verklebt werden.

Das Papierklebeband ist auf einer Seite mit einer Gummierung beschichtet, die du mit einem feuchten Schwamm anfeuchten musst, damit sie klebt. Der Schwamm darf aber nicht zu nass sein, sonst hält der Kleber nicht gut. Probiere aus, wie feucht der Schwamm sein muss, damit das Klebeband gut hält.

Achtung: Der Zusammenbau wird auf den Fotos an einem Zimmer gezeigt. Wenn deine Etage zwei oder drei Zimmer hat, gehst du genauso vor.

Schneide einen Streifen Papierklebeband zu, der so lang ist wie deine Wand. Falte den Streifen der Länge nach zur Hälfte, die Klebeseite liegt dabei innen. Wenn das Klebeband vorgefaltet wird, lässt es sich leichter einpassen und die Ecken sind sauber.

Befestige alle Unterkanten der Wände auf diese Weise mit Papierklebeband an der Bodenplatte. Du kannst auch mehrere Schichten Klebeband verwenden, dann wird die Konstruktion stabiler. Das Klebeband wird später übermalt.

3. Die inneren Kanten verstärken

Nun werden die Zimmerkanten und -ecken ebenso mit Papierklebeband zusammengeklebt.

Achtung, beim Vorfalten muss jetzt die Klebeseite nach außen zeigen.

4. Anstreichen

Jetzt wird das Haus mit weißer Farbe gestrichen. Das wird erledigt, bevor die Decke aufgesetzt wird, weil so die Ecken leichter zu erreichen sind.

Damit die Farbe gut deckt, sind vielleicht zwei oder drei Anstriche nötig.

Es ist wichtig, alle Wände von innen und außen zu streichen, damit sich die Pappe nicht verzieht. Danach kann die Decke aufgesetzt werden.

5. Tapezieren

Klebe auf die Rückwand jedes Zimmers eine hübsche Tapete. Dafür kannst du z. B. Geschenkpapier nehmen.

6. Fußböden

In dem Haus gibt es drei verschiedene Bodenbeläge:

- Ein dicker Stoff, der passend zugeschnitten und mit der Heißklebepistole befestigt wird.
- Ein rustikaler Dielenboden aus Brettern von einer alten Obstkiste. Dafür werden die Bretter in Streifen geschnitten und abgeschliffen, damit sie glatt sind. Wenn du eine große Kiste hast, schneide die Bretter so zu, dass sie keine Löcher von Nägeln oder Klammern haben. Die Bretter mit der Heißklebepistole auf den Boden kleben.
- Ein Fliesenboden für das Badezimmer. Dafür klebst du Mosaikfliesen mit doppelseitigem Klebeband auf stabiles Papier. Falls am Rand Lücken bleiben, brauchst du die Fliesen nicht zu schneiden. Klebe einfache dünne Holzleisten als Fußleisten fest. Das ist einfacher und sieht schön aus.

4

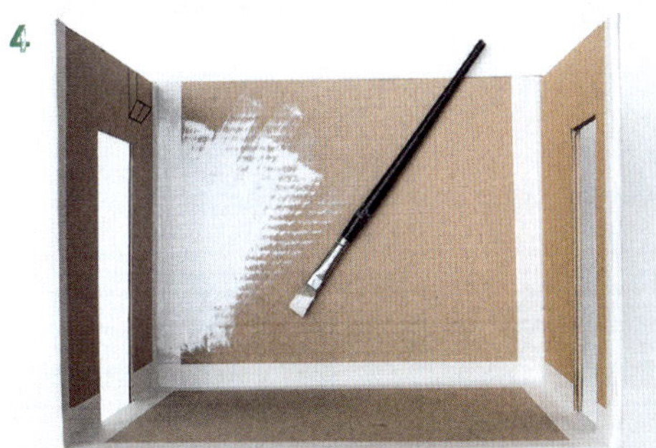

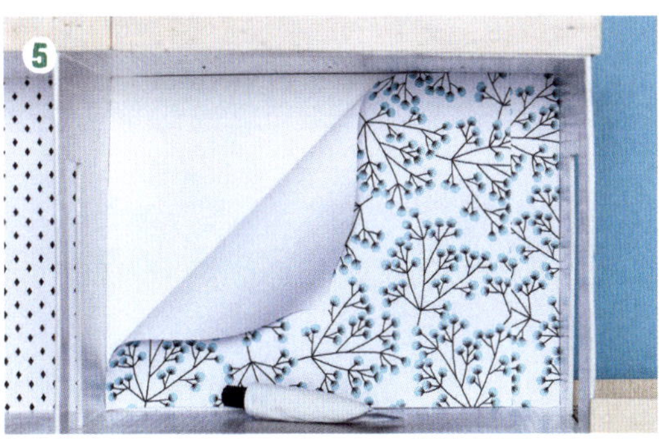

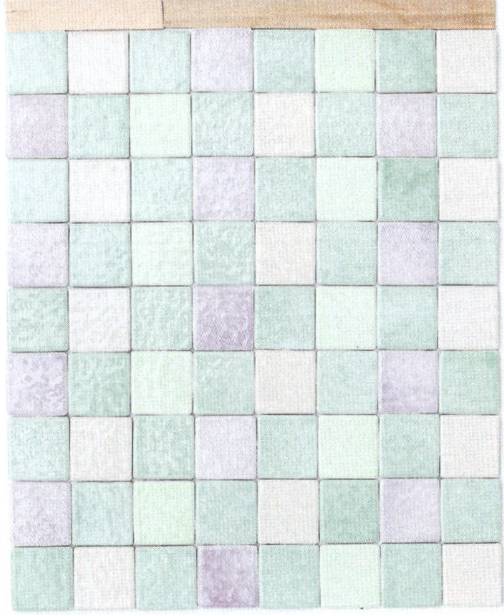

DIE TERRASSEN

Material

- langes Lineal
- Cutter
- Bleistift
- Heißklebepistole

Recyclingmaterial

- stabile Pappe, sauber und ohne Löcher, 5 mm dick
- 1 Obstkiste

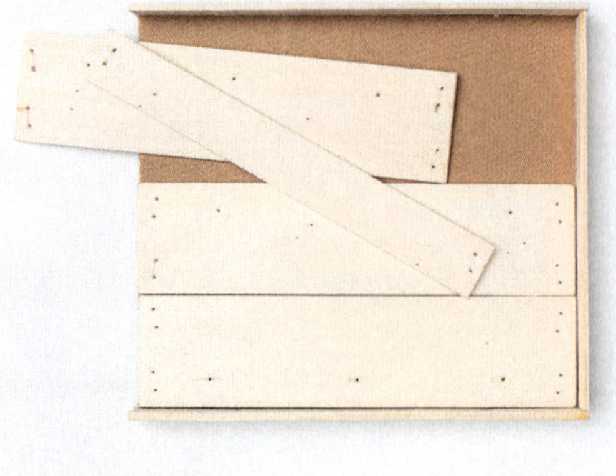

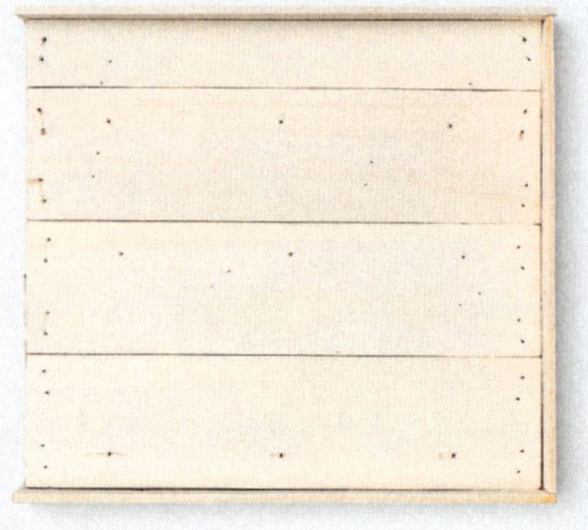

Nun bekommt das Haus noch zwei Terrassen, die ähnlich wie Schuhkartondeckel aussehen.

Den Boden jeder Terrasse bildet ein Rechteck aus Pappe. Für den Rand verwendest du Holzbretter von einer Obstkiste.

Schneide die einzelnen Teile anhand der Vorlagen auf der gegenüberliegenden Seite zu.

Die Holzleisten werden nicht bündig mit den Bodenplatten verleimt, sondern stehen 5 mm nach unten über (siehe Abbildung im Kreis). So können die Terrassen nicht so leicht vom Dach rutschen und decken die Ränder des Dachs ab. Das sieht viel besser aus.

Klebe zuletzt die »Dielen« aus Obstkistenbrettern auf die Terrassenböden.

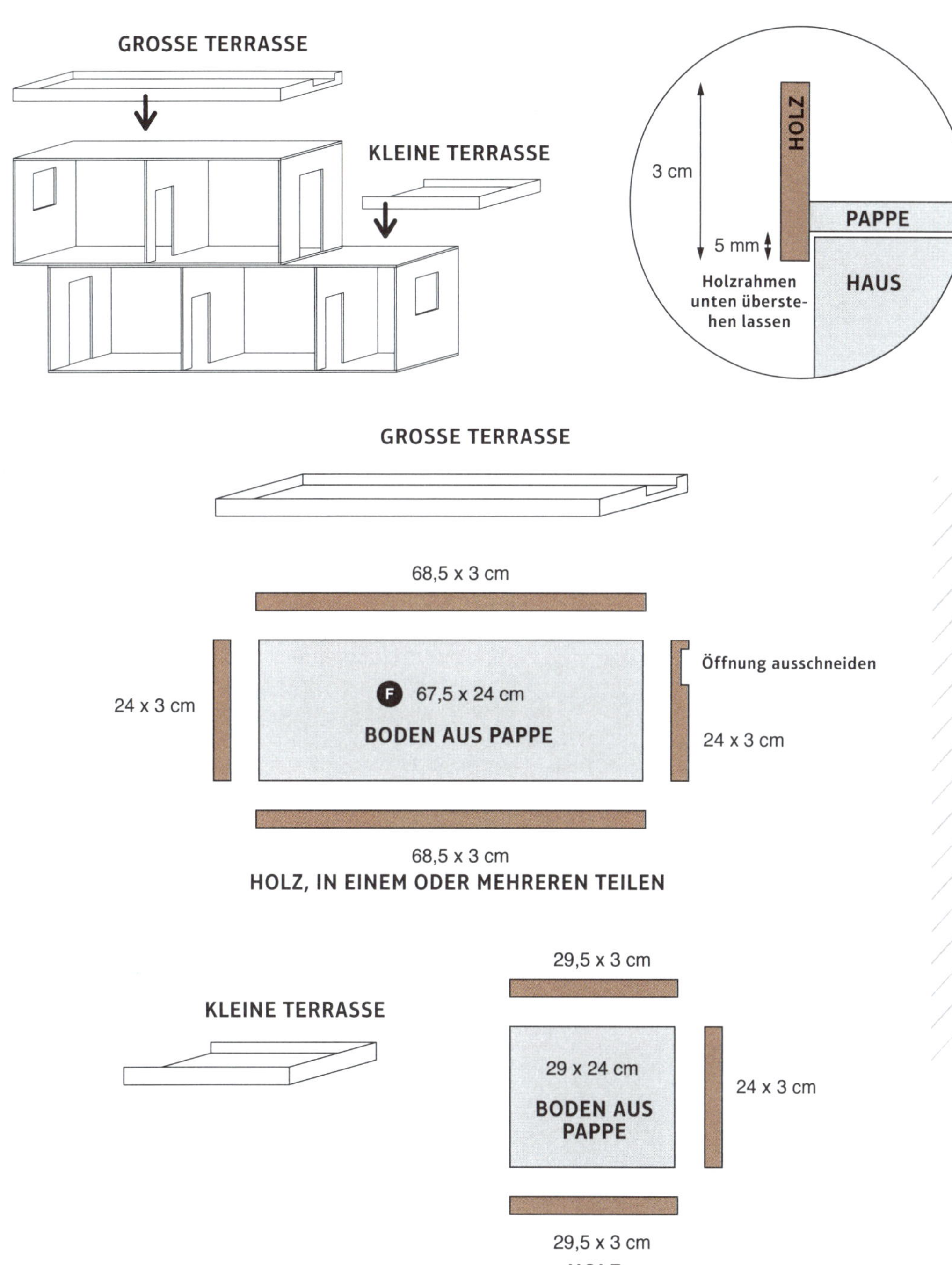
GROSSE TERRASSE
KLEINE TERRASSE
HOLZ
3 cm
PAPPE
5 mm
HAUS
Holzrahmen unten überstehen lassen
GROSSE TERRASSE
68,5 x 3 cm
24 x 3 cm
F 67,5 x 24 cm
BODEN AUS PAPPE
Öffnung ausschneiden
24 x 3 cm
68,5 x 3 cm
HOLZ, IN EINEM ODER MEHREREN TEILEN
29,5 x 3 cm
KLEINE TERRASSE
29 x 24 cm
BODEN AUS PAPPE
24 x 3 cm
29,5 x 3 cm
HOLZ

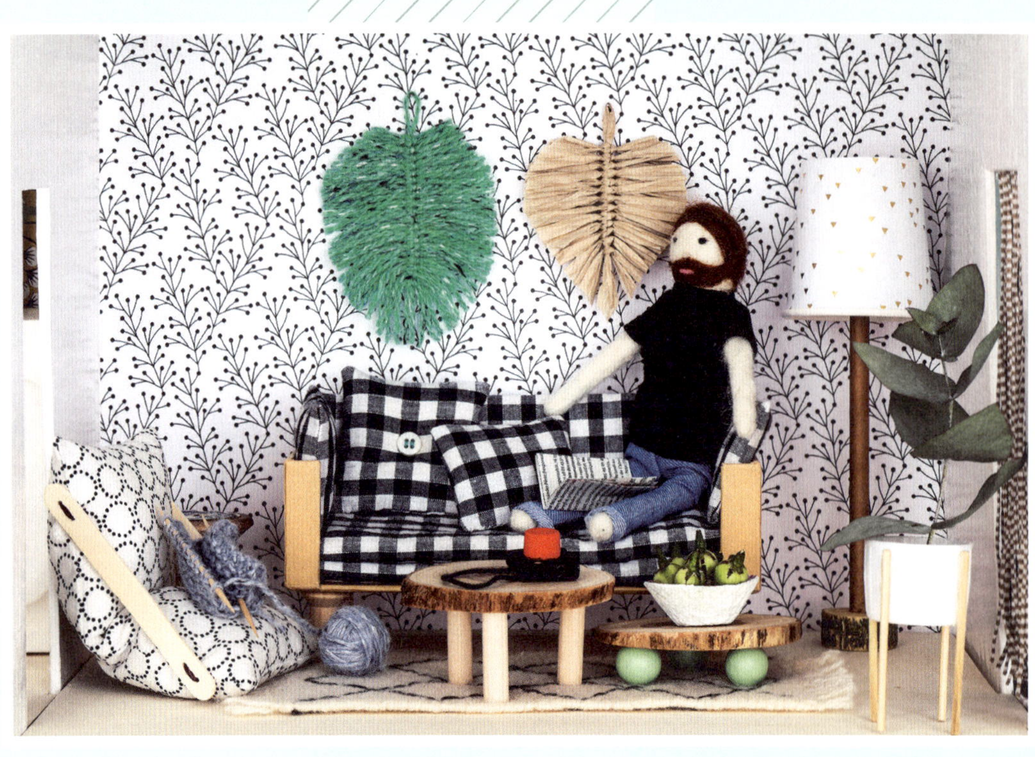

DAS WOHNZIMMER

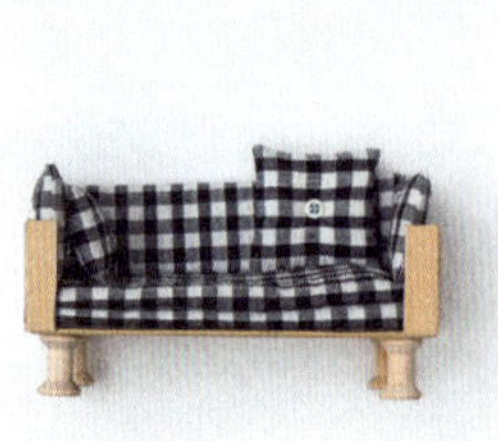

DAS SOFA

Material

- Cutter
- Klebestreifen (bei Bedarf)
- Nadel und Faden
- Alleskleber oder Heißklebepistole
- Trickmarker

Recyclingmaterial

- 1 Pappschachtel (ca. 17,5 cm x 8 cm)
- Stoffrest, 50 x 50 cm
- dünner Schaumstoff (Verpackungsmaterial)
- 4 Perlen oder 4 Flaschendeckel (oder andere kleine Teile als Füße)

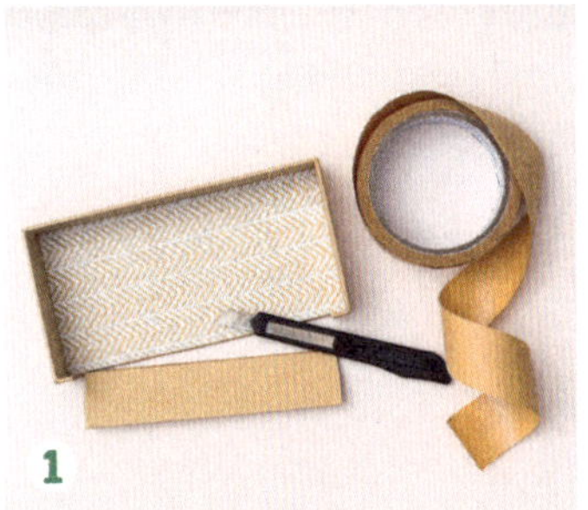
1

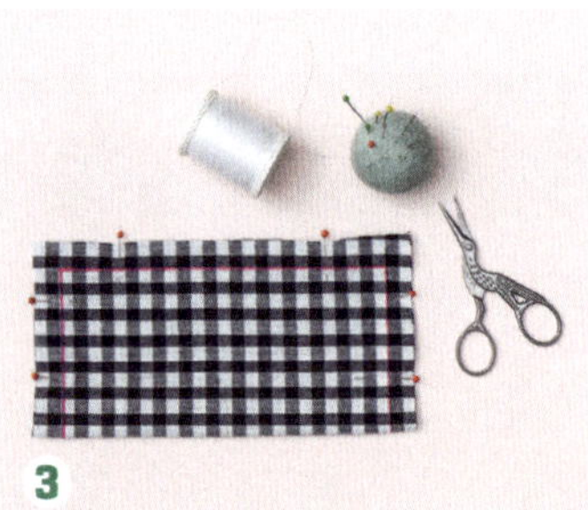
3

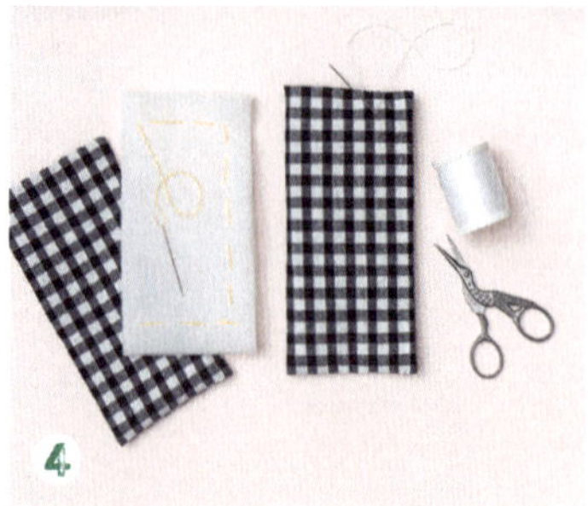
4

So geht's:

1. Mit einem Cutter eine Längsseite der Schachtel ausschneiden. Du kannst genau im Falz schneiden oder 1 cm stehen lassen. Wenn die Schnittkante unansehnlich ist, decke sie mit Papierklebeband ab. Und falls deine Schachtel nicht so schön aussieht, kannst du sie vollständig mit farbigem Klebeband bedecken.

2. Die Füße mit Heißkleber an der Unterseite des Sofas befestigen. Gut trocknen lassen.

3. Die Innenseiten der Schachtel ausmessen. Aus Schaumstoff ein Sitzpolster, ein Rückenpolster und zwei kleine Seitenpolster zuschneiden. Den Stoff doppelt legen, dabei liegt die rechte Stoffseite innen. Zeichne die Umrisse der Polster auf dem Stoff an und schneide sie mit 1 cm Zugabe zu. Nähe jeden Bezug rundherum zusammen, aber lass eine Öffnung zum Wenden.

4. Die Polsterbezüge wenden und die Schaumstoffteile hineinschieben. Wenn die Polster zu dünn sind, nimm eine doppelte Lage Schaumstoff. Danach die Öffnungen in den Bezügen mit kleinen Stichen zunähen.

TIPP

Es gibt Trickmarker, deren Striche nach einer Weile von selbst verblassen.
Andere verschwinden, wenn man warme Luft mit einem Föhn darauf bläst.
Sehr praktisch!

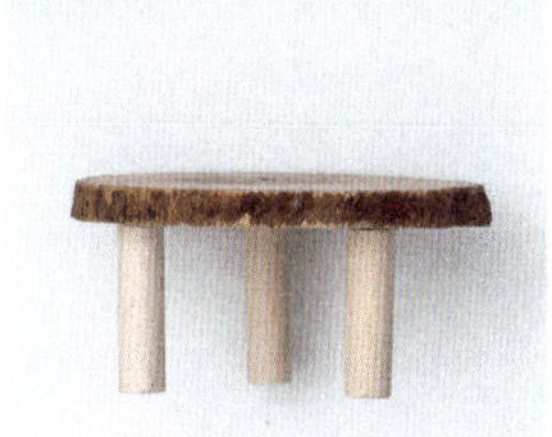

DER COUCHTISCH

Material
- Heißklebepistole
- Säge
- Schleifpapier

Recyclingmaterial
- 1 Zweig, 7 cm dick
- 3 Perlen oder 3 Deckel von Kompott im Quetschbeutel

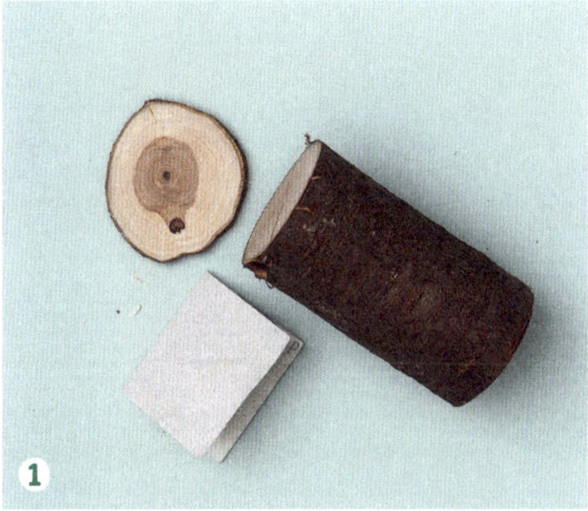

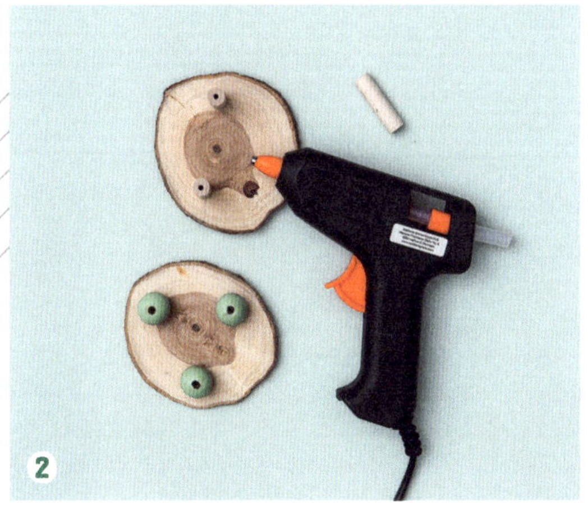

So geht's:

1. Säge dem Zweig eine 5 mm dicke Scheibe ab und schleife sie glatt.

2. Befestige die drei Füße mit Heißkleber an der Unterseite der Tischplatte.

TIPP
Wenn du keine Holzscheibe hast, kannst du den Deckel eines Eisbechers bemalen und als Tischplatte verwenden.
Du kannst auch den Durchmesser des Tischs und die Höhe der Beine verändern.

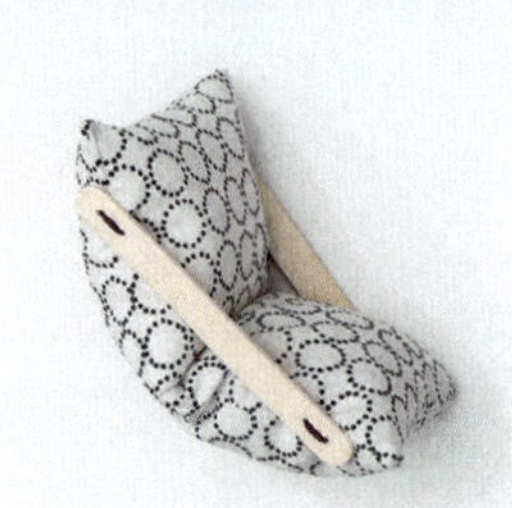

DER SESSEL

Material

- Nadel und Faden
- Trickmarker
- Schaumstoff oder Watte
- Bohrmaschine oder Holzbohrer

Recyclingmaterial

- Stoffrest, 32 x 11 cm
- 2 Eisstiele, 9 cm lang
- 1 große Handvoll Reis

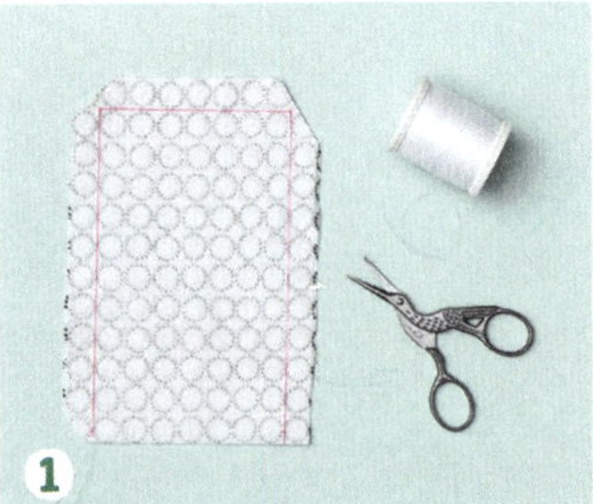

1

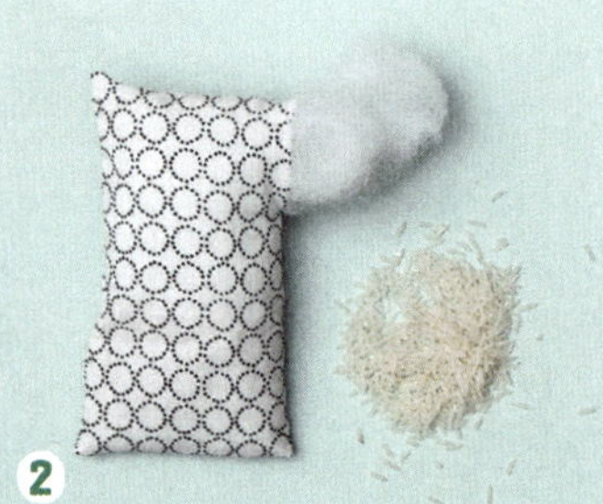

2

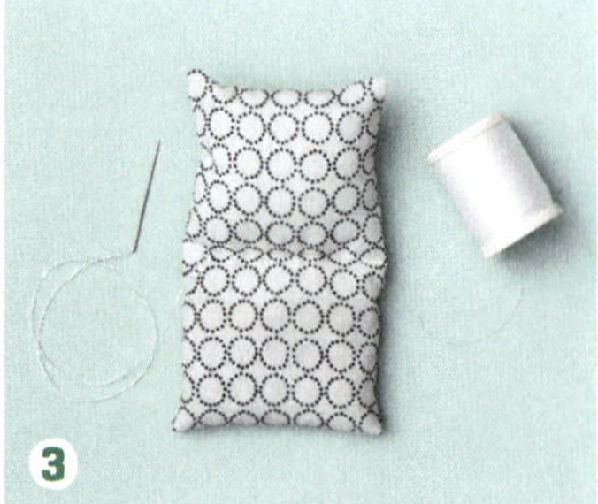

3

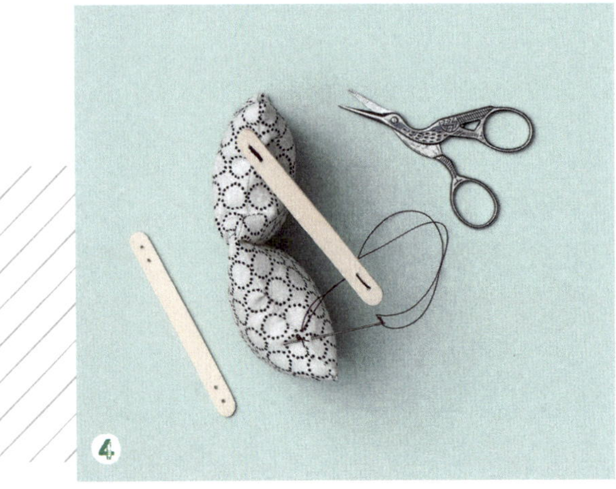

4

So geht's:

1. Den Stoff doppelt nehmen und ein Rechteck von 8,5 x 15 cm aufzeichnen. Mit 1 cm Zugabe zuschneiden. Rundherum zusammennähen, nur eine Öffnung zum Wenden lassen. Die Nahtzugaben an den Ecken schräg abschneiden (aber nicht an der Öffnung, weil sie noch zugenäht wird). Den Bezug wenden und die Ecken herausdrücken.

2. Etwas Reis in den Bezug füllen. Er rutscht in den unteren Teil des Polsters, beschwert es und verhindert, dass es zusammenfällt. Das restliche Polster mit Watte ausstopfen und die Öffnung mit kleinen, unauffälligen Stichen zunähen.

3. Für den Knick mit kleinen Stichen entlang der Mitte des Polsters nähen, damit Reis und Watte sich nicht vermischen.

4. In beide Enden jedes Eisstiels zwei kleine Löcher bohren. Die Eisstiele so am Sesselbezug festnähen, dass das Polster in der Mitte geknickt ist.

TIPP

Wenn du die Polster doppelt so breit zuschneidest, wird aus dem Sessel ein Sofa. Ganz einfach!

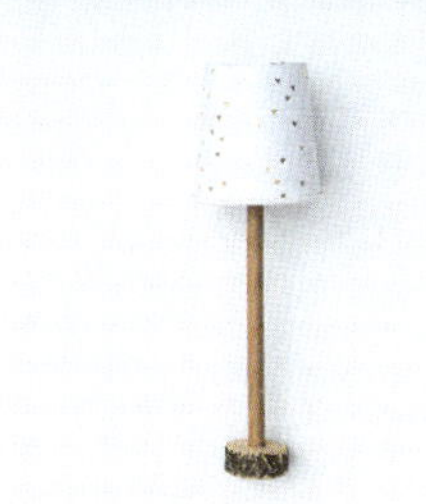

DIE STEHLAMPE

Material
- Klebstoff
- Heißklebepistole
- Bohrmaschine und Holzbohrer

Recyclingmaterial
- 1 Pappbecher, 6 cm hoch, 6,5 cm oberer Durchmesser
- 1 Trinkhalm aus Pappe
- Geschenkpapier zum Bekleben des Bechers, 20 x 10 cm
- 1 Holzscheibe, nicht zu dünn

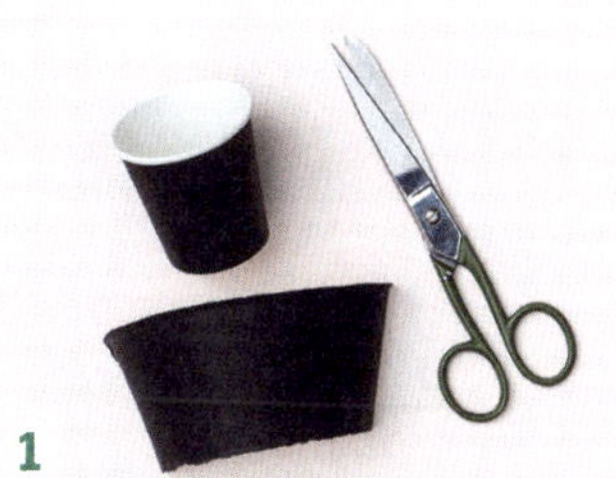
1

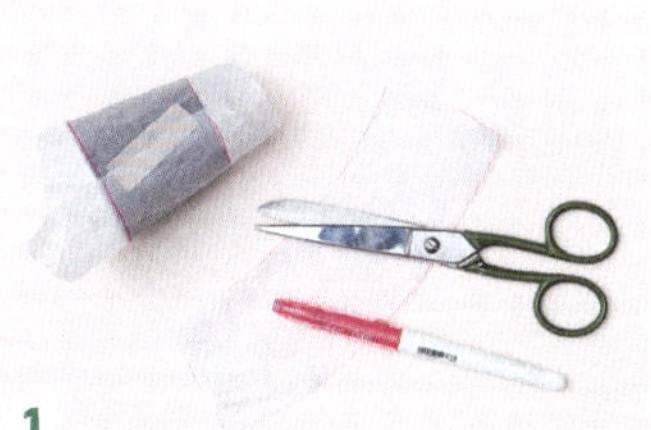
1

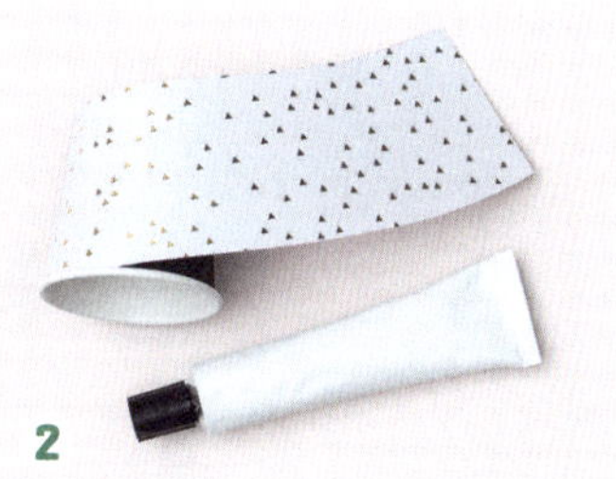
2

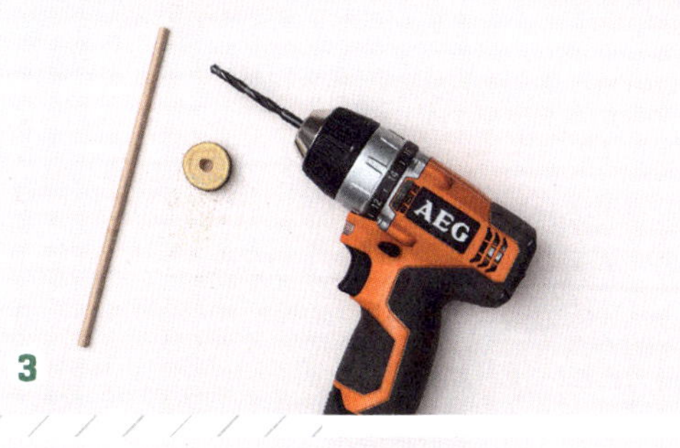

3

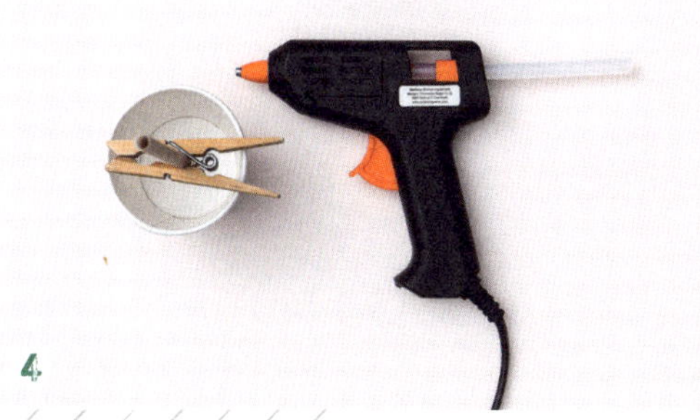
4

So geht's:

1. Um den Becher zu bekleben, musst du eine Schablone zeichnen. Wenn du zwei Becher hast, nimm einen auseinander, breite ihn flach aus und zeichne seinen Umriss auf dein Geschenkpapier. Wenn du nur einen Becher hast, wickle dünnes Papier oder ein Papiertuch um den Becher und zeichne darauf den oberen und unteren Rand an. Nimm das Papier ab: Fertig ist die Schablone.

2. Anhand der Schablone das Geschenkpapier zuschneiden, auf den Becher kleben und gut trocknen lassen.

3. Bohre in die Holzscheibe ein Loch. Der Trinkhalm soll gerade hineinpassen.

4. Den Trinkhalm mit Heißkleber mittig auf der Innenseite des Becherbodens festkleben. Halte ihn mit einer Wäscheklammer fest, bis der Kleber trocken ist. Danach brauchst du nur noch das untere Ende des Trinkhalms in die gebohrte Holzscheibe zu stecken.

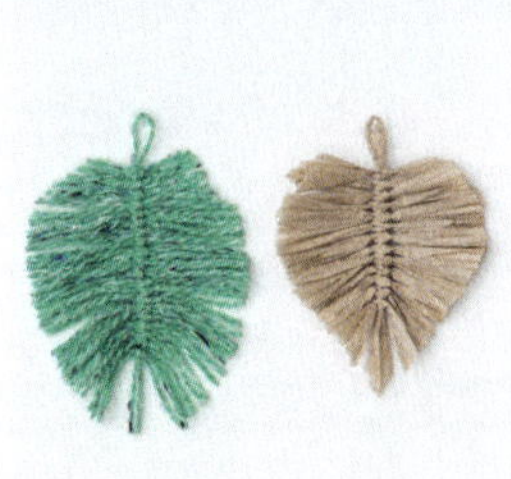

DIE BLÄTTER AN DER WAND

Material
- 10 m Wolle
- Schere
- Klebestreifen

Recyclingmaterial
- 1 Stück Pappe, 20 x 10 cm

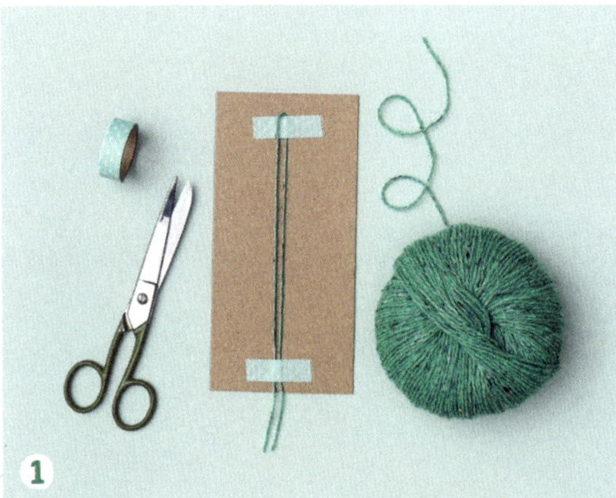

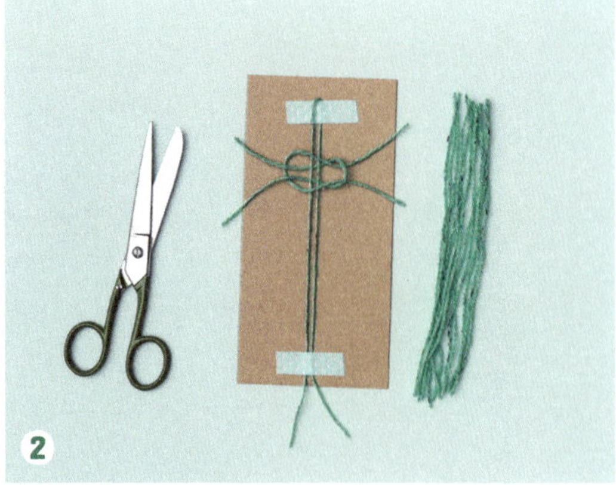

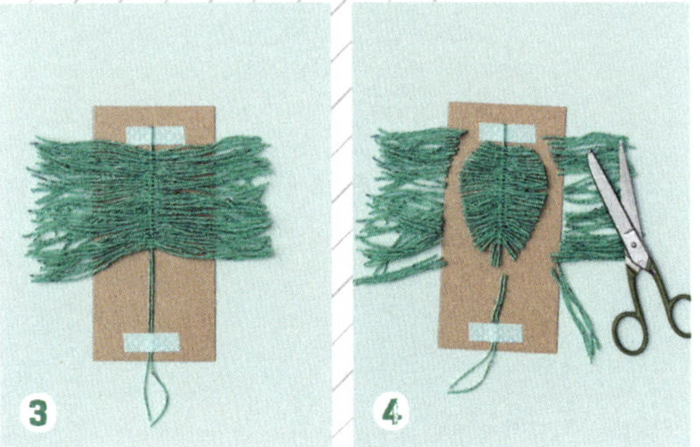

So geht's:

1. In der Mitte der Pappe mit dem Klebeband einen doppelten Wollfaden festkleben, die Schlaufe liegt oben. Das wird die Mittelrippe des Blatts.

2. 50 Wollfäden von 20 cm Länge abschneiden. Jeweils zwei Fäden mit einem Kreuzknoten an der Mittelrippe festbinden.

3. Knote so viele Fäden an die Mittelrippe, bis das Blatt die gewünschte Länge hat. Ziehe die Knoten sorgfältig fest!

4. Schneide die Enden der Fäden so ab, dass eine Blattform entsteht. Dann kannst du die Klebestreifen vorsichtig ablösen.

IDÉE

Du kannst auch mehrere Blätter in verschiedenen Farben und Formen basteln. Das ist einfach und macht viel Spaß.

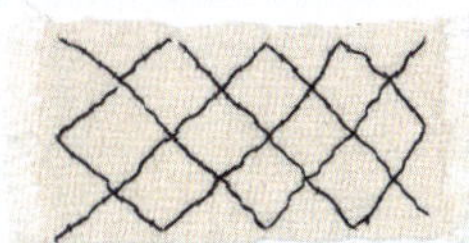

DER TEPPICH

Material

- Wolle in einer Farbe
  (für Streifen in mehreren Farben)
- Schere
- Klebeband

Recyclingmaterial

- 1 Stück Pappe, 15 x 25 cm
- 1 Kaffee-Rührstäbchen (oder dicke Sticknadel)

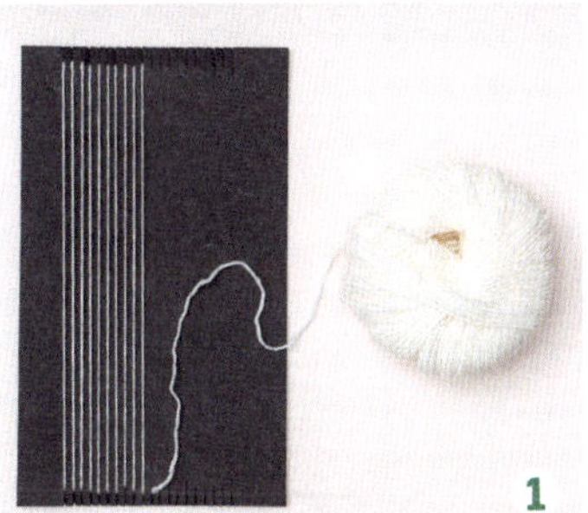

1

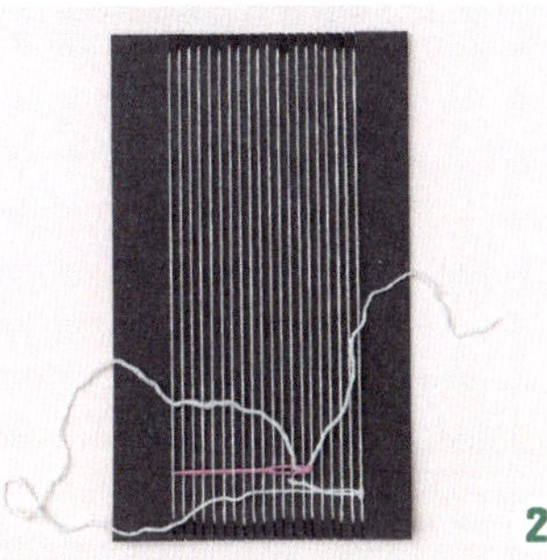

2

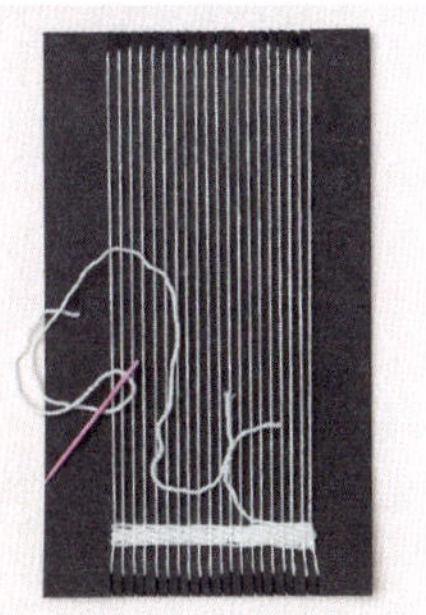

3

3

So geht's:

1. Den oberen und unteren Rand der Pappe alle 5 mm einschneiden. Es muss eine gerade Anzahl von Schnitten sein, und alle Schnitte müssen gleich lang sein. Einen langen Faden auf und ab durch alle Einschnitte führen. Die Enden auf der Rückseite der Pappe festkleben. Dies sind die Kettfäden des Teppichs.

2. Einen neuen Faden ins Rührstäbchen einfädeln und abwechselnd über und unter die Kettfäden weben. Am Ende der Reihe wenden und entgegengesetzt zur vorigen Reihe unter und über die Kettfäden weben. Der Faden darf nicht zu lang sein, sonst verheddert er sich. Ist der Faden zu dick, wird der Teppich sehr grob.

3. Einen neuen Faden immer in der Mitte der Reihe ansetzen. Dort fällt der Knoten weniger auf als an der Kante des Teppichs.

4. Wenn der Teppich fertig ist, die Kettfäden auf der Rückseite der Pappe durchschneiden und paarweise zusammenknoten.

5. Die Fransen auf gleiche Länge schneiden. Danach kannst du den Teppich bügeln, damit er flach liegt.

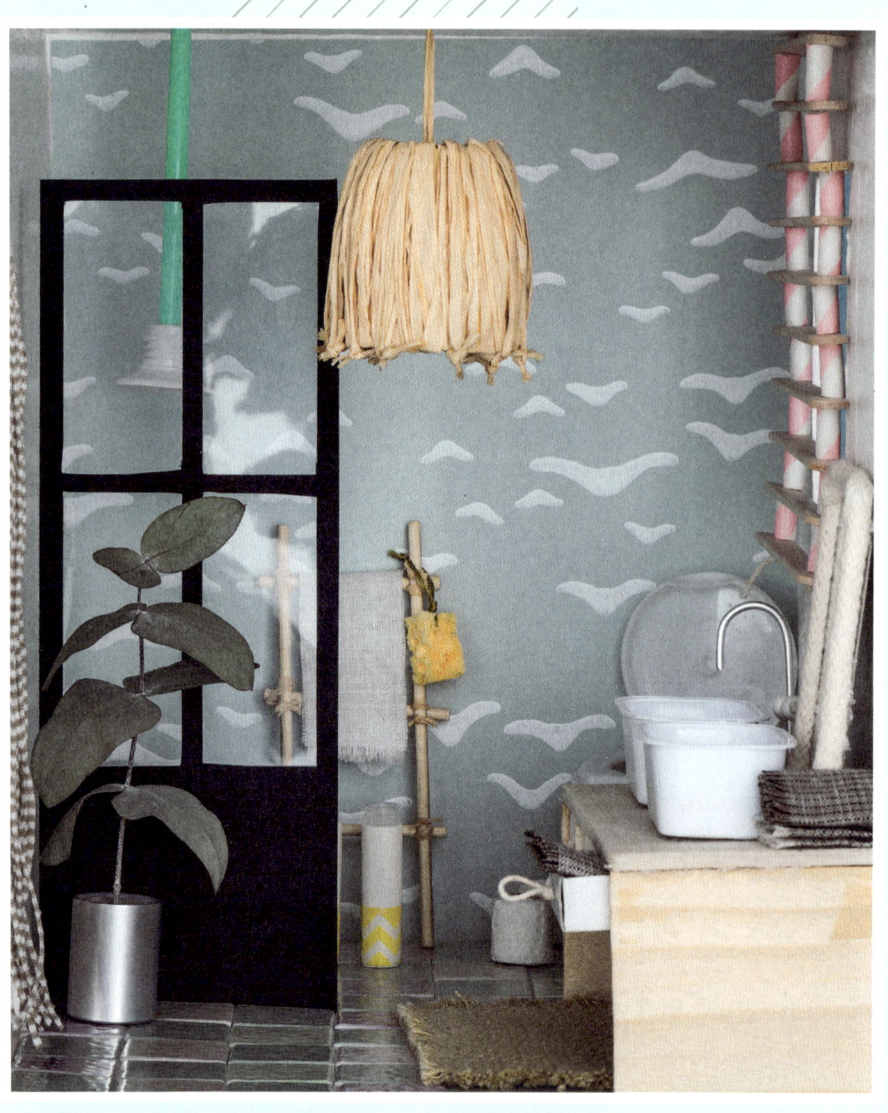

DAS
BADEZIMMER

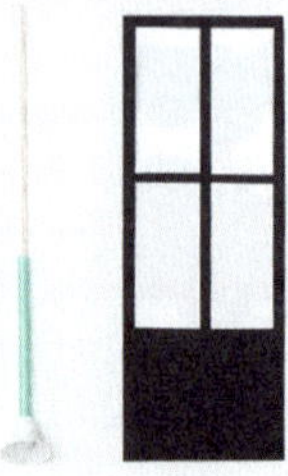

DIE DUSCHE

DIE BRAUSE

Material

- 1 weiße Perle, 1 cm Durchmesser
- dickes Nähgarn
- Schere

Recyclingmaterial

- leere Zahnpastatube
- 1 farbiger Trinkhalm aus Plastik

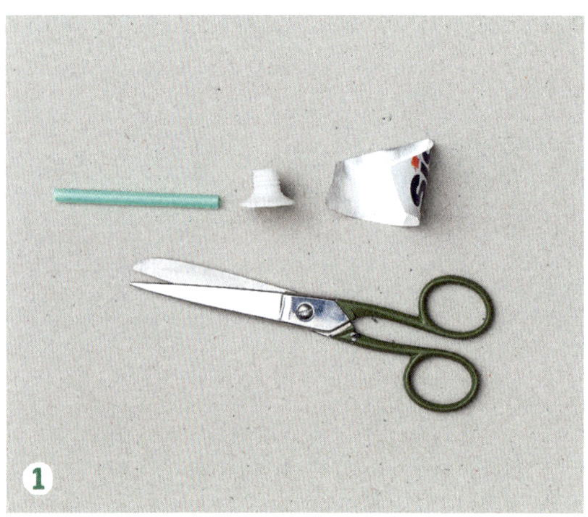
1

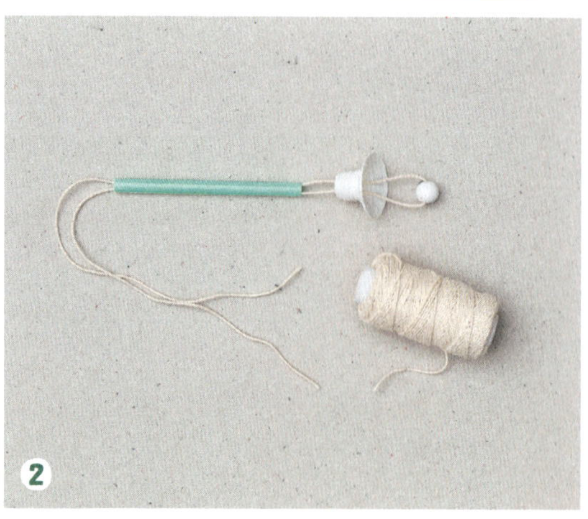
2

So geht's:

1. Schneide das obere Ende der Tube ab. Du brauchst nur die Tülle.

2. Einen Faden durch die Perle fädeln und die Enden verknoten. Den Faden durch die Tubentülle und den Trinkhalm ziehen.

3. Ein Loch in die Decke des Badezimmers stechen, den Faden durchziehen und mit einem Knoten befestigen.

DENK DARAN!
Reste von Papier und Plastik, die beim Basteln übrig bleiben, gehören in die Recycling-Tonnen.

DIE DUSCHKABINE

Material
- schwarzes Tonpapier*, 15 x 20 cm
- Klebstoff
- Cutter

Recyclingmaterial
- durchsichtige Plastikfolie von einer Verpackung, 7,5 x 20 cm

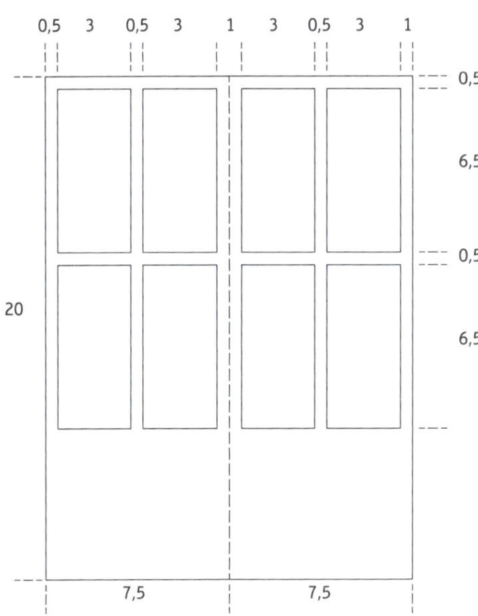

Alle Angaben in cm

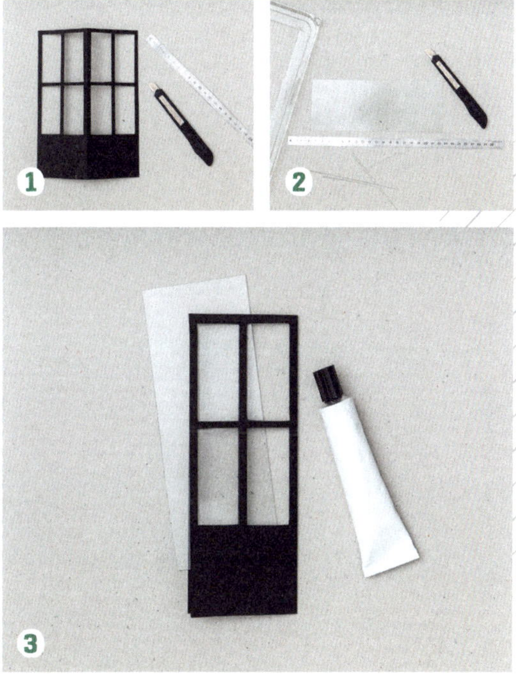

So geht's:

1. Schneide die Wand der Duschkabine aus dem schwarzen Tonpapier aus. Dabei auch die Öffnungen für die Fenster ausschneiden.

2. Schneide aus der klaren Plastikfolie ein Rechteck von 7,5 x 20 cm.

3. Klebe die Folie auf eine Seite der Duschkabinenwand. Danach klebst du die beiden Seiten der Wand zusammen. Die Folie liegt also zwischen zwei Lagen Tonpapier. Gut trocknen lassen.

FACHAUSDRUCK

Tonpapier: Ein etwas dickeres Papier, das man in vielen verschiedenen Farben kaufen kann.

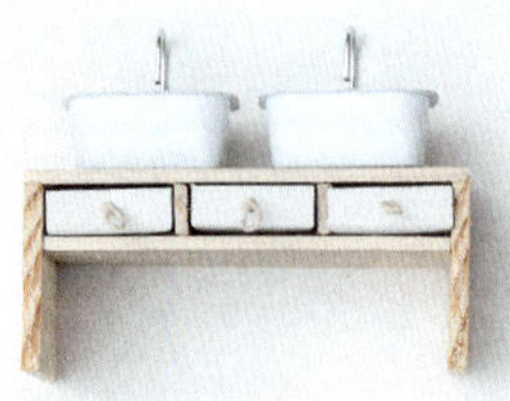

DER WASCHTISCH

Material
- 15 cm biegsamer Draht
- 4 kleine weiße Perlen
- Alleskleber
- Säge oder Cutter, Schere
- Papierklebeband
- Seitenschneider
- dicke Sticknadel
- Schutzhandschuhe
- Bohrmaschine und Holzbohrer

Recyclingmaterial
- 1 Obstkiste
- 3 Streichholzschachteln als Schubladen
- 2 Portionsbecher von Quark oder Streichkäse

•A•
OBERE PLATTE
12,5 x 6 cm

•B•
PLATTE UNTER DEN SCHUBLADEN
11,5 x 6 cm

•C•
SEITENTEIL
6 x 5 cm

•C•
SEITENTEIL
6 x 5 cm

6 x 1,5 cm

•D•
TRENNWAND ZWISCHEN DEN SCHUBLADEN

6 x 1,5 cm

•D•
TRENNWAND ZWISCHEN DEN SCHUBLADEN

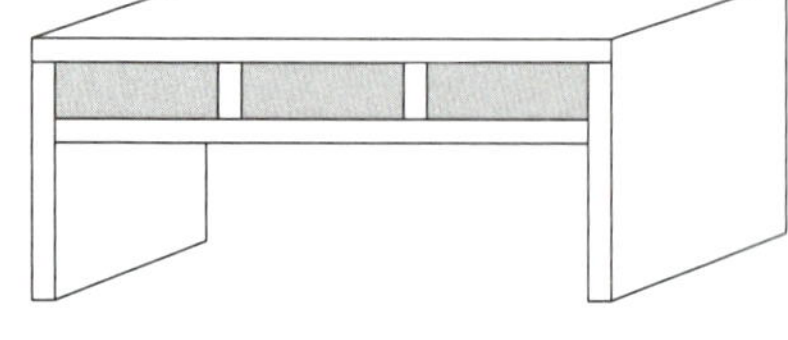

GENAU MESSEN!
Möglicherweise musst du die Abmessungen des Waschtischs etwas verändern, damit sie zu der Größe deiner Streichholzschachteln und zur Stärke der Holzplatten passen.

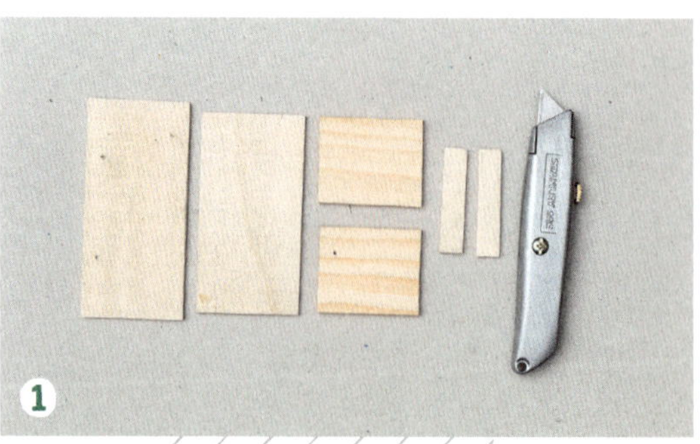
1

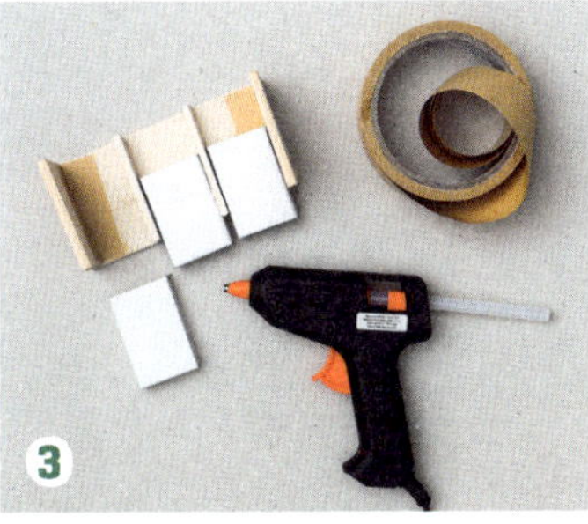
3

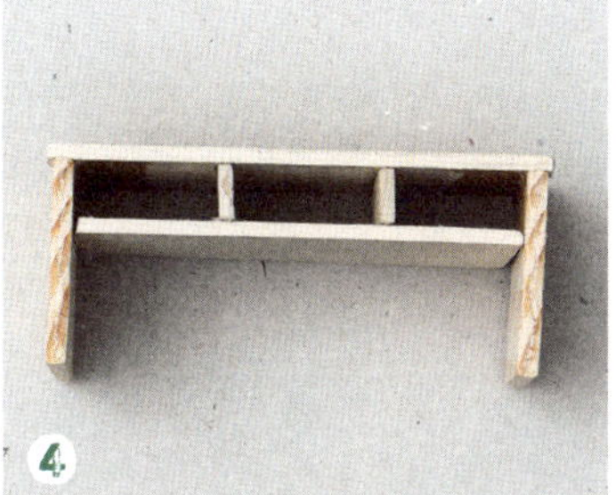
4

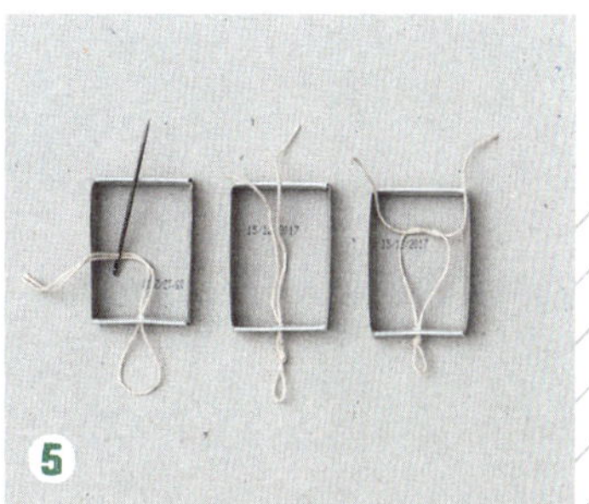
5

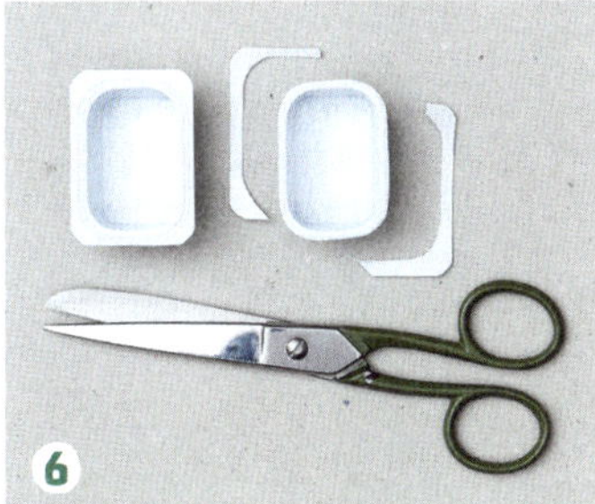
6

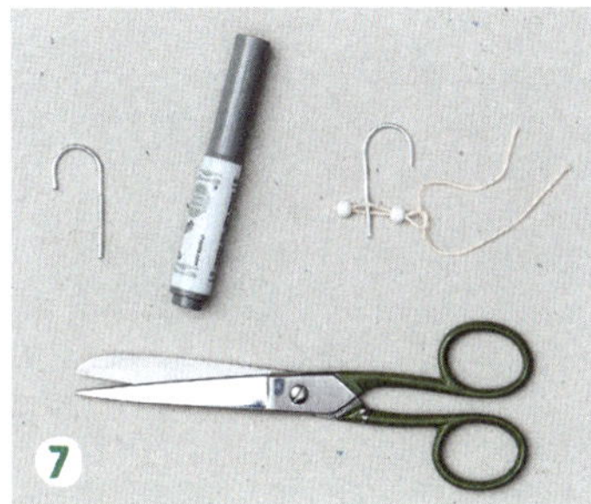
7

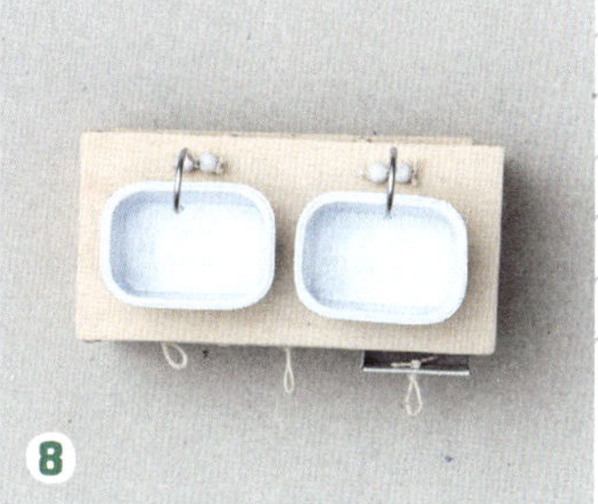
8

So geht's:

1. Zieh Schutzhandschuhe an und entferne mit der Zange die Klammern aus zwei dickeren Brettern der Obstkiste. Die Bretter unserer Kiste sind 5 mm dick.

2. Schneide mit einer Säge die Teile in den Abmessungen zu, die in der Zeichnung angegeben sind. Wenn das Holz weich ist, genügt auch ein Cutter.

3. Nun die obere Platte (A) an die Seitenteile (C) kleben und die Verbindungen mit Papierklebeband verstärken. Das Papierklebeband muss vorher angefeuchtet werden.

4. Die beiden Trennwände (D) an die Unterseite der Platte kleben. Achte darauf, dass die Schubladen gut zwischen ihnen gleiten. Zuletzt die Platte (B) unter den Trennwänden festkleben.

5. Stich mit der Sticknadel in die Vorderseite jeder Schublade zwei Löcher. Ziehe einen Faden durch, sodass außen eine kleine Schlaufe als Griff bleibt. Die Enden des Fadens verknoten.

6. Für die Waschbecken schneidest du zuerst mit der Schere die Ränder von den Käseschälchen sauber ab. Forme aus dem Draht einen schönen Bogen, indem du ihn um einen runden Gegenstand (z. B. einen dicken Marker) biegst.

7. Schneide das Ende des Drahts ab, falls es zu lang ist. Befestige die beiden weißen Perlen am unteren Ende. Das sind die Wasserhähne.

8. Nun die Schubladen herausnehmen und zwei Löcher in die obere Platte bohren. Die Enden der Drahtbögen in die Löcher stecken. Zuletzt die beiden Waschbecken direkt vor den Wasserhähnen auf die Platte kleben.

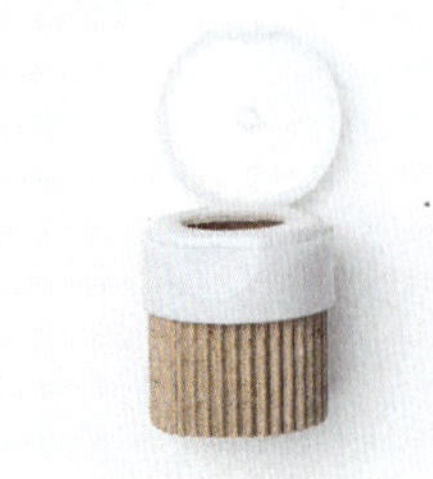

DIE TOILETTE

Material

- Bohrer oder Cutter
- Tacker
- Schleifpapier

Recyclingmaterial

- Verschluss einer großen Plastiktube (z. B. von Duschgel oder Creme)
- 1 Stück Wellpappe, 20 x 4,5 cm

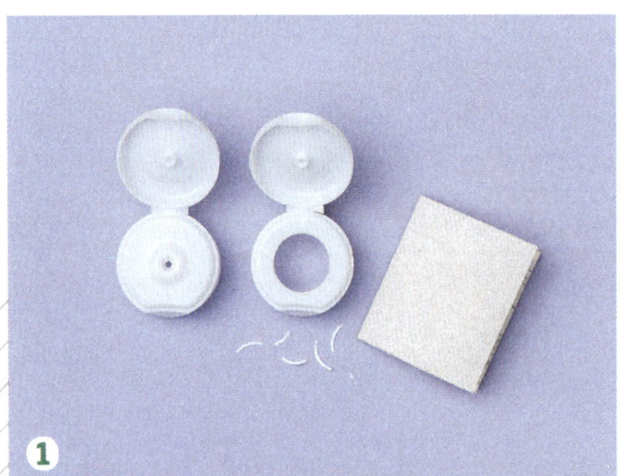

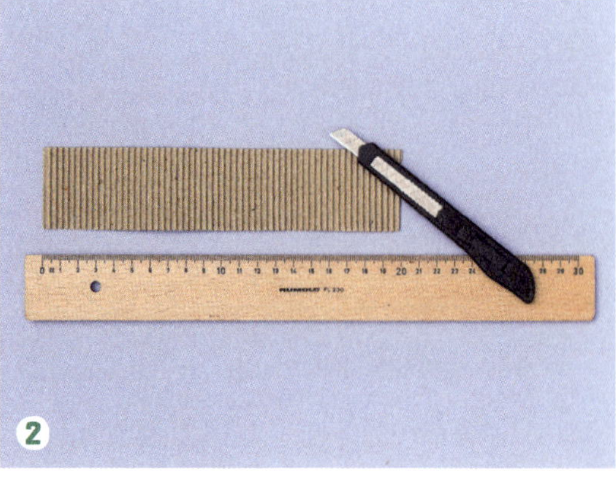

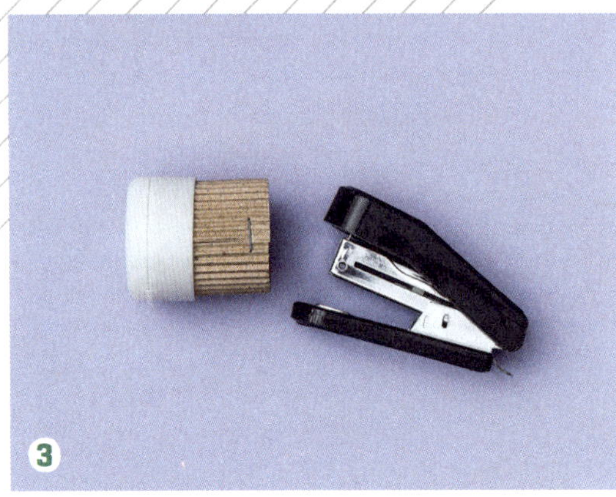

So geht's:

1. Bohre oder schneide ein großes Loch in den unteren Teil des Tubenverschlusses. Schleife die Ränder glatt.

2. Schneide die Wellpappe in der angegebenen Größe zu. Achte darauf, dass die Wellen parallel zur Schmalseite verlaufen.

3. Nun die Wellpappe zusammenrollen, in den Tubenverschluss schieben und auf die gleiche Größe bringen. Die Wellpappe zusammentackern.

4. Die Röhre aus Wellpappe umdrehen, damit die Tackerklammer unter dem Tubenverschluss versteckt liegt.

FACHAUSDRUCK

Wellpappe: Pappe, die auf einer Seite glatt ist und auf der anderen Seite kleine Wellen hat. Sie wird als Verpackungsmaterial benutzt.

ABWANDELN

Mit einem kleineren Tubenverschluss und einer höheren Röhre aus Wellpappe kannst du einen Mülleimer mit Klappdeckel basteln..

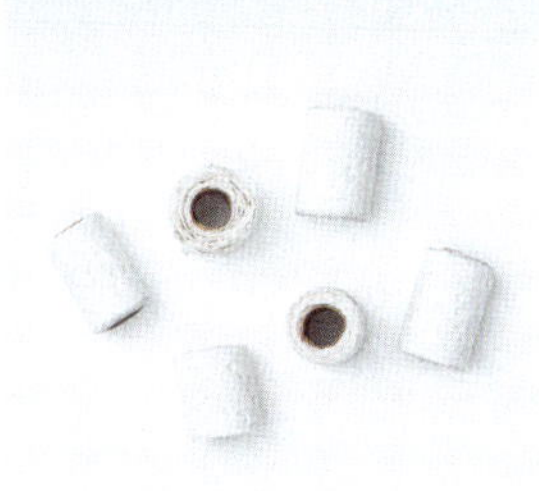

DAS KLOPAPIER

Material
- Schere
- Klebstoff
- Lineal
- Bleistift

Recyclingmaterial
- 1 Trinkhalm aus Pappe
- 3 Blatt Toilettenpapier

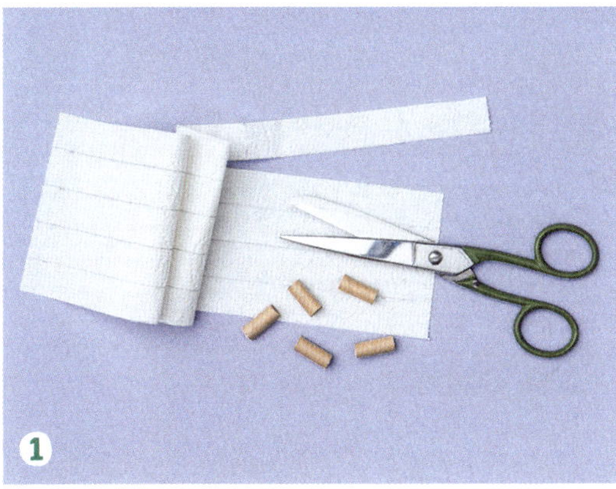
1

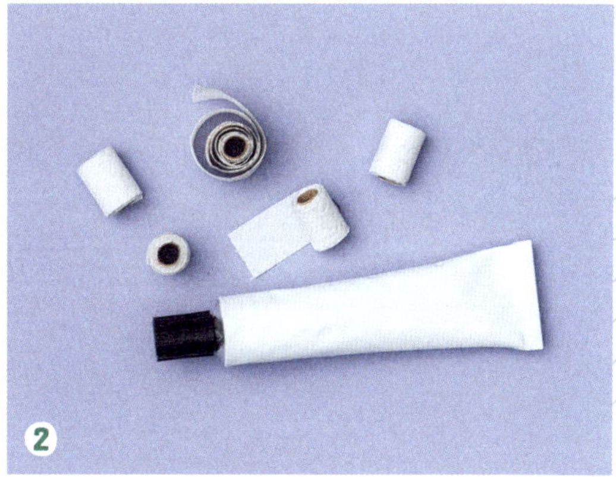
2

So geht's:

1. Schneide den Trinkhalm in 2 cm lange Stücke. Zeichne auf dem Toilettenpapier Striche in Abständen von 2 cm an. Dann das Papier in Streifen schneiden.

2. Klebe den Anfang eines Streifens an ein Stück Trinkhalm. Rolle das Papier auf und befestige das Ende mit einem Tupfer Klebstoff.

IDEE
Wenn du die Rollen etwas breiter zuschneidest, hast du Küchenrollen.

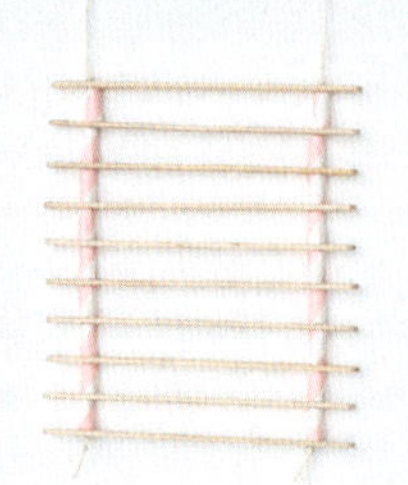

DIE JALOUSIE

Material
- → 1 m dickeres Nähgarn
- → Schere
- → Skalpell oder Holzbohrer

Recyclingmaterial
- → 10 Eisstiele, 11,5 cm lang
- → 2 Trinkhalme aus Pappe

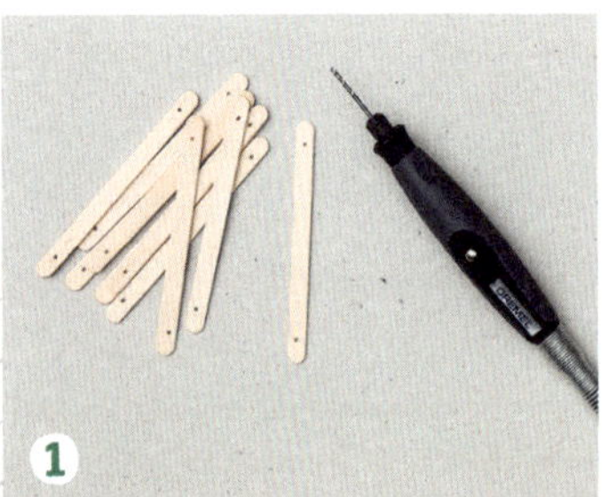
1

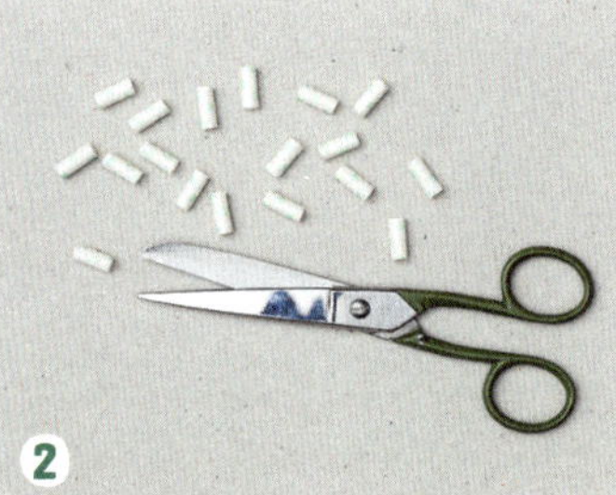
2

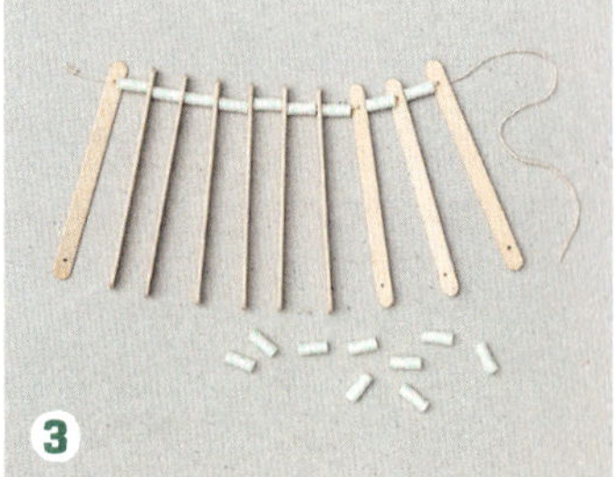
3

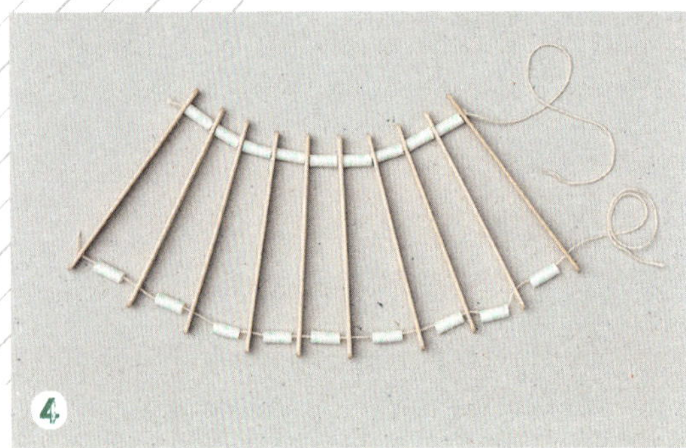
4

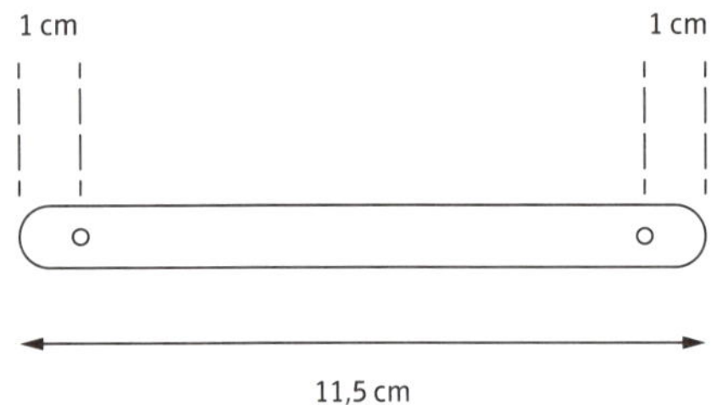

So geht's:

1. Auf beiden Seiten jedes Eisstiels ein Loch bohren, das 1 cm vom Ende entfernt ist. Du kannst die Löcher auch mit einem Skalpell stechen. Bohre die Spitze in das Holz und drehe die Klinge. Dabei musst du etwas aufdrücken.

2. Mit der Schere aus den Trinkhalmen 18 Stücke von 1,5 cm Länge schneiden. Falls sie dabei flach gedrückt werden, rolle sie zwischen den Händen, damit sie wieder rund werden.

3. Einen Knoten ins Ende des Garns binden, abwechselnd Eisstiele und Trinkhalmstücke auffädeln. Am Ende wieder einen Knoten dicht über dem letzten Eisstiel binden, damit nichts verrutschen kann. 15 cm Faden hängen lassen. Damit wird die Jalousie später befestigt.

4. Die andere Seite der Jalousie ebenso auffädeln.

5. In die Decke über dem Badezimmerfenster zwei Löcher stechen. Ihr Abstand entspricht der Breite der Jalousie. Die Fäden der Jalousie durch die Löcher fädeln, die Höhe einstellen und die Fäden verknoten.

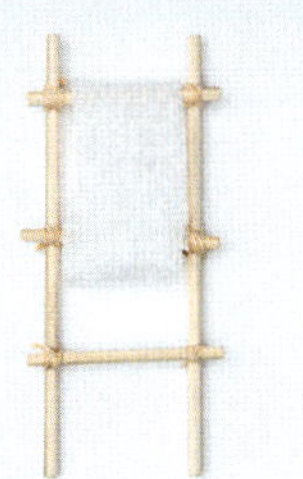

DER HANDTUCHHALTER

Material
- stabiles, dünnes Nähgarn
- Schere
- Cutter

Recyclingmaterial
- 2–3 Schaschlikspieße aus Holz
- kleine Stoffreste

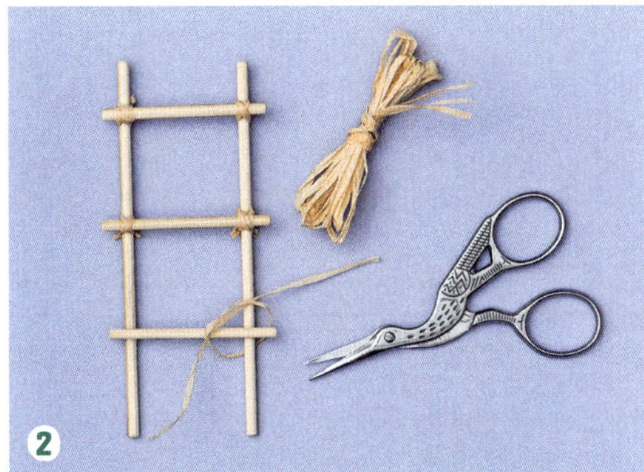
2

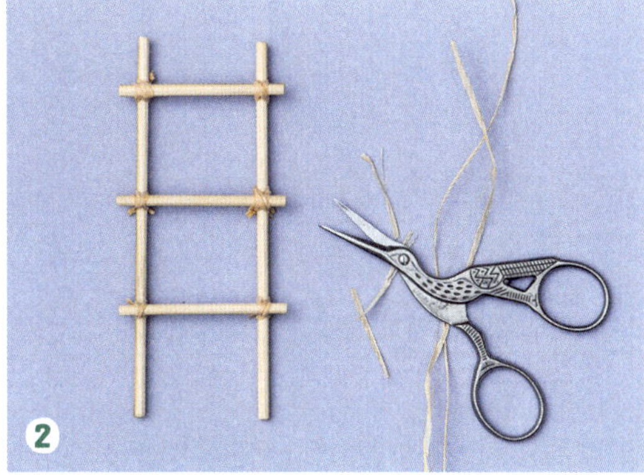
2

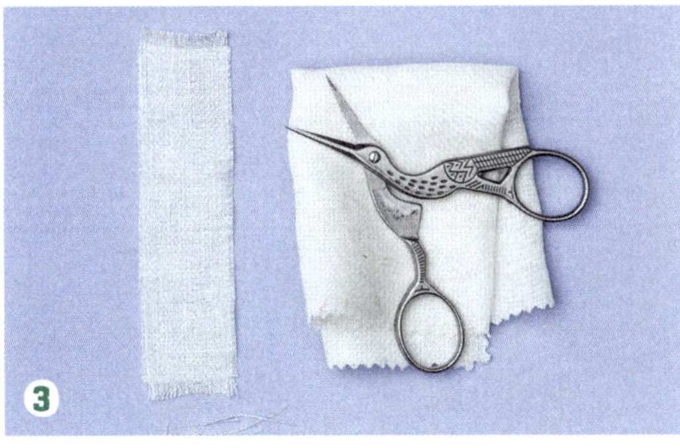
3

So geht's:

1. Schneide aus den Schaschlikspießen zwei Stücke von 11 cm Länge und 3 Stücke von 5 cm Länge.

2. Befestige die drei kurzen Stücke in gleichmäßigen Abständen an den beiden langen Stücken, sodass eine Leiter entsteht.

3. Schneide für die Handtücher aus den Stoffresten kleine Rechtecke mit ganz geraden Kanten aus. Du kannst die Schmalseiten noch ausfransen.

WIE NIEDLICH!
Schneide von einem Küchenschwamm (dem echten!) ein kleines Stück ab und fädele es auf einen Faden, um es aufzuhängen.
Als Shampooflasche kannst du die Mini-Flasche von einem homöopathischen Medikament mit hübschem Papier bekleben.

DIE PFLANZE

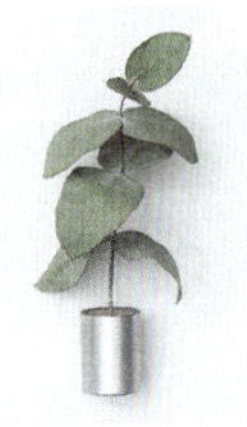

Material

- 1 kleines Stück lufttrocknende Modelliermasse
- Bleistift

Recyclingmaterial

- hübscher Metalldeckel, z. B. von einer Parfümflasche
- getrockneter Zweig mit Blättern, z. B. von Eukalyptus

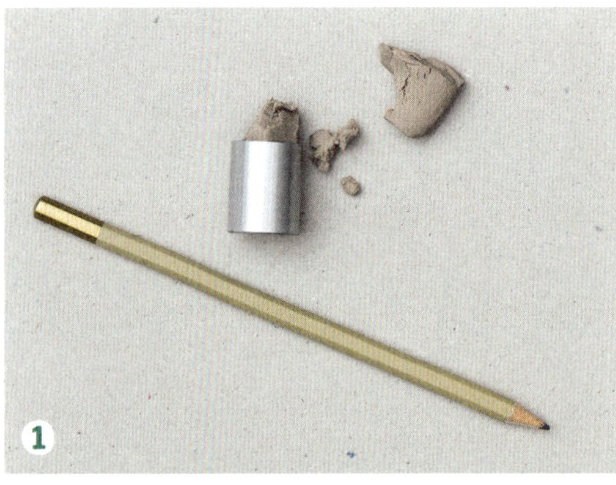

So geht's:

1. Fülle den Metalldeckel mit der Modelliermasse. Du kannst sie mit dem Ende eines Bleistifts hineindrücken.

2. Stecke den getrockneten Zweig in die »Erde«.

SAMMELN!!
Für dein Haus kannst du verschiedene Töpfe mit Pflanzen gebrauchen. Sammle Deckel und Zweige. Du kannst einen Topf auch mit verknoteten Schnüren aufhängen.

DIE BADEMATTE

Material
- Schere

Recyclingmaterial
- Rest von einem festen Stoff

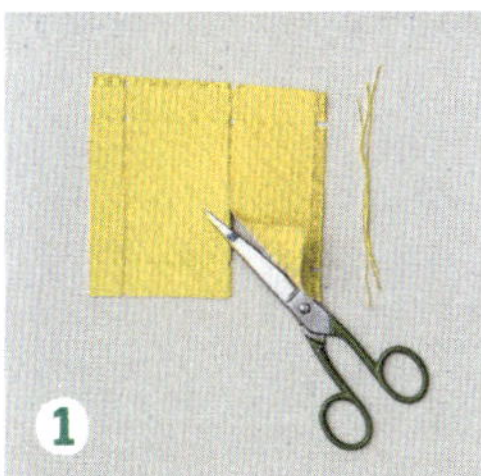

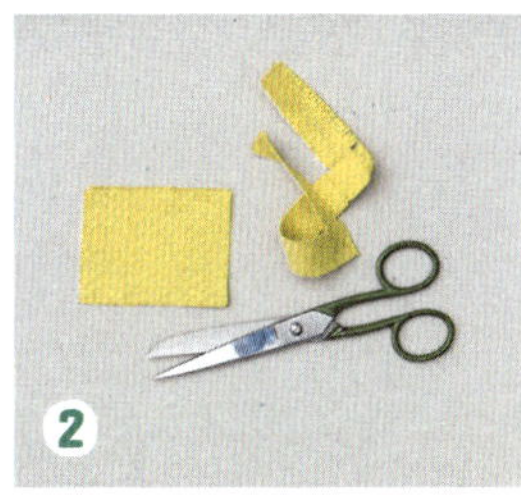

So geht's:

1. Wie schneidet man Stoff ganz gerade zu? Ziehe in Längs- und in Querrichtung je zwei Fäden aus dem Gewebe. Dadurch erscheinen gerade Linien.

2. Wenn du genau auf diesen Linien schneidest, werden die Stoffkanten schnurgerade.

3. Zupfe an den Kanten einige Fäden heraus, um sie auszufransen.

DER SPIEGEL

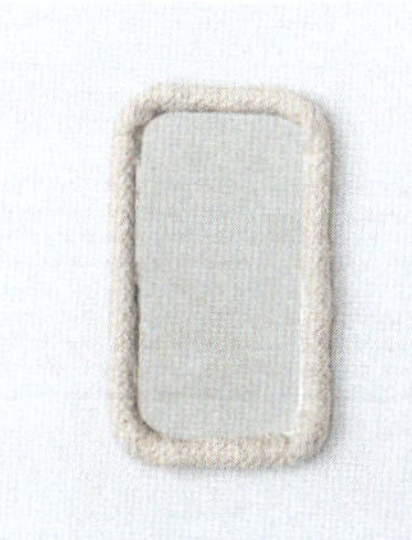

Material
- Seitenschneider
- Schere
- Alleskleber

Recyclingmaterial
- Spiegel aus einem leeren Schminkdöschen, z. B. von Lidschatten
- Kordelgriff von einer Einkaufstüte
- 1 Stück Pappe, etwas größer als der Spiegel

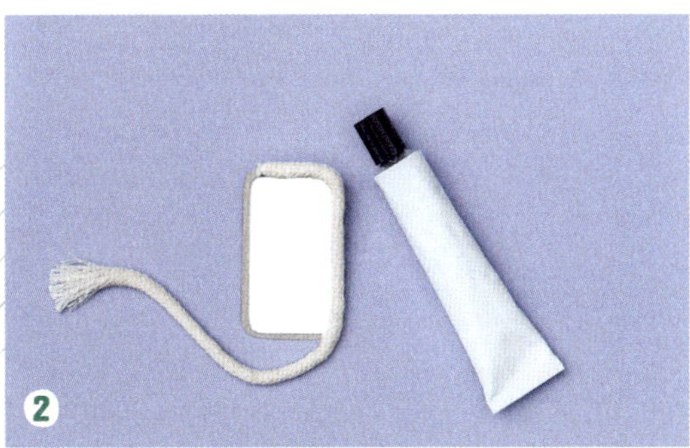

So geht's:

1. Löse den Spiegel vorsichtig aus dem Schminkdöschen. Es macht nichts, wenn seine Ränder etwas unsauber aussehen. Sie werden später verdeckt. Schneide ein Stück Pappe zu, das rundherum 3 mm größer als der Spiel ist. Den Spiegel auf die Pappe kleben.

2. Ein Ende der Kordel mit Klebstoff bestreichen, damit es sich nicht auflöst. Dann die Kordel sorgfältig um den Rand des Spiegels legen und auf der Pappe festkleben.

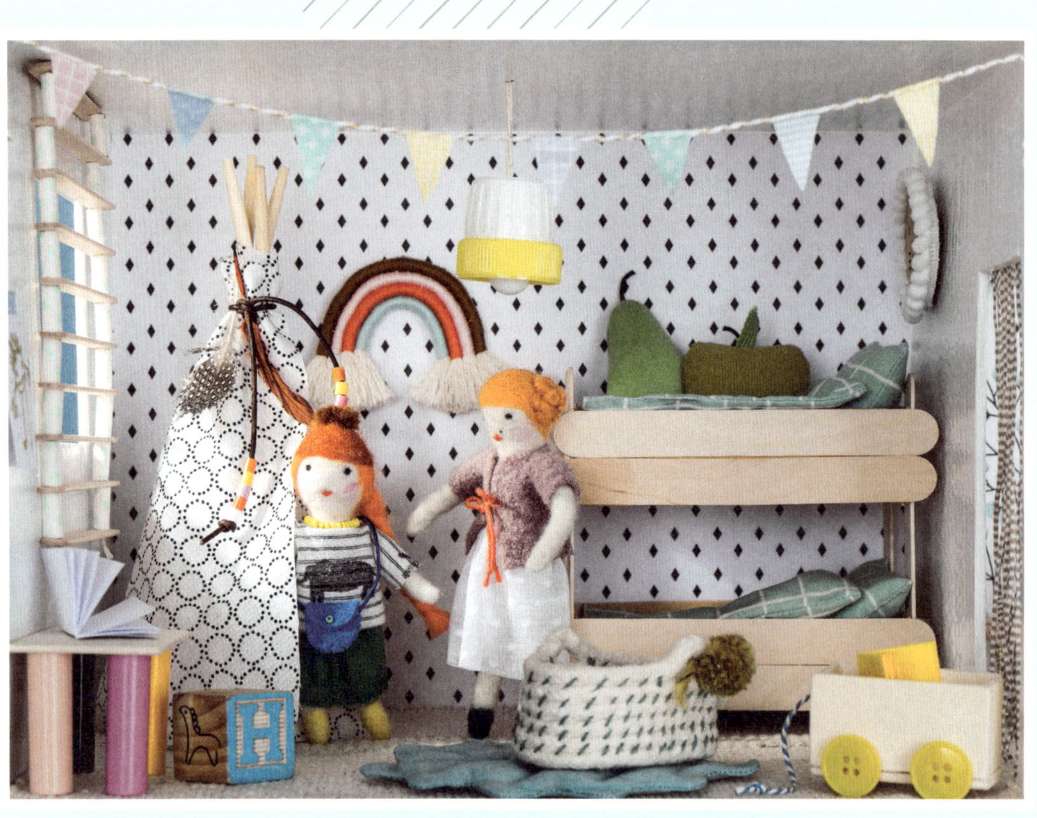
H

DAS KINDER-ZIMMER

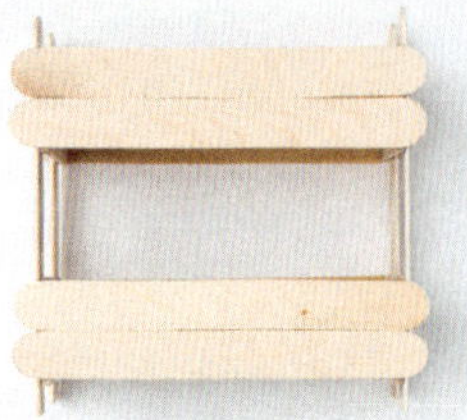

DIE ETAGENBETTEN

Material

- Alleskleber oder Heißklebepistole
- Papierklebeband
- Schere
- Schwamm
- großer Cutter
- Bleistift
- Lineal

Recyclingmaterial

- 32 Eisstiele aus Holz, 15 x 1,7 cm (kann man unter der Bezeichnung »Bastelstäbchen« auch kaufen)

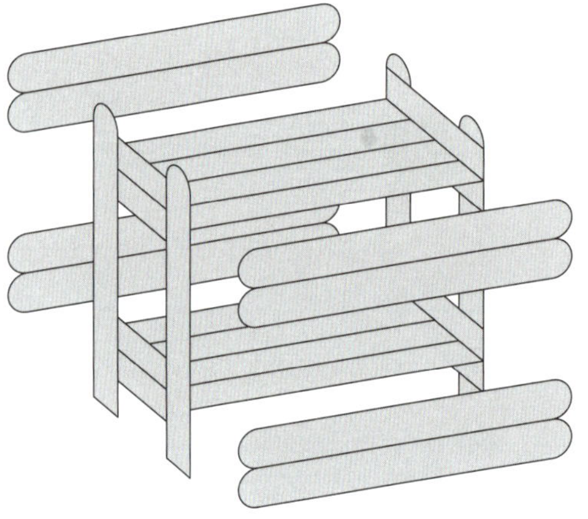

A

B

C

So geht's:

1. Von 8 Stäbchen beide abgerundeten Enden abschneiden (A). Von 4 Stäbchen nur ein abgerundetes Ende abschneiden (B).

2. 12 Stäbchen so zuschneiden, dass sie so lang sind, wie vier Stäbchen breit, hier 6,8 cm (C).

3. Für eine Liegefläche 4 Stäbchen (A) nebeneinander legen und mit Papierklebeband zusammenkleben. Eventuell mehrere Schichten Klebeband anbringen, damit die Liegefläche fest wird.

4. Für die langen Seitenteile ebenso 2 ungekürzte Stäbchen zusammenkleben. Du brauchst zwei Liegeflächen und vier Seitenteile.

5. Für eine Schmalseite klebst du vier mal jeweils 2 Stäbchen (C) flächig aufeinander. Klebe dann eines dieser doppelt starken Stäbchen (C) auf 2 Stäbchen (B) fest, dass am geraden unteren Ende 1 cm frei bleibt, und ein weiteres 9 cm höher. Stelle auf diese Weise 2 Schmalseiten her.

6. Nun die Liegeflächen auf die waagerechten Stäbchen der Schmalseite legen und festkleben. Den Kleber gut trocknen lassen.

7. Die anderen Stäbchen (C) direkt über den Liegeflächen an die Schmalseiten kleben.

8. Zuletzt die Seitenteile, die in Schritt 4 vorbereitet wurden, an die Liegeflächen kleben.

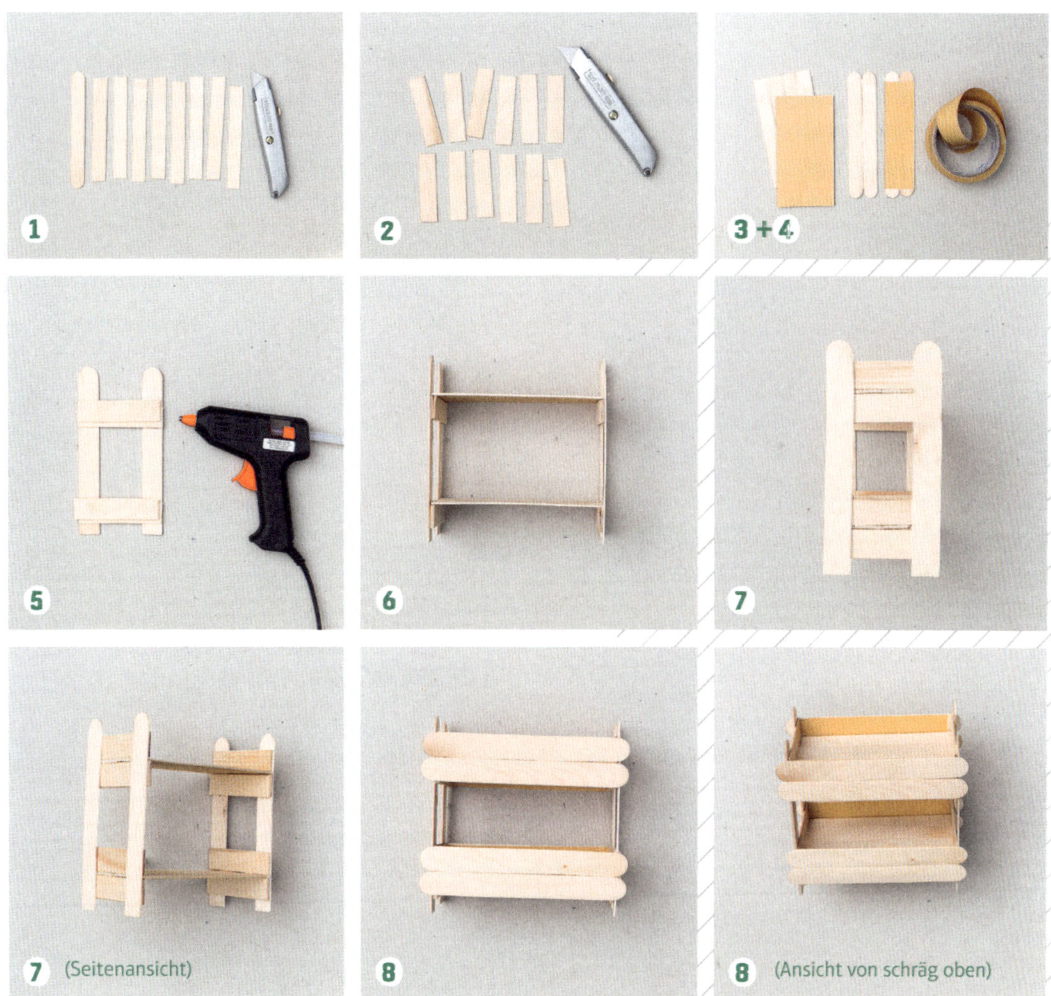

MATRATZE UND BETTWÄSCHE

Für die Matratzen Filz in der Größe der Liegeflächen zuschneiden.
Kopfkissen und Bettdecken werden so genäht wie die Kissen für das Sofa im Wohnzimmer.

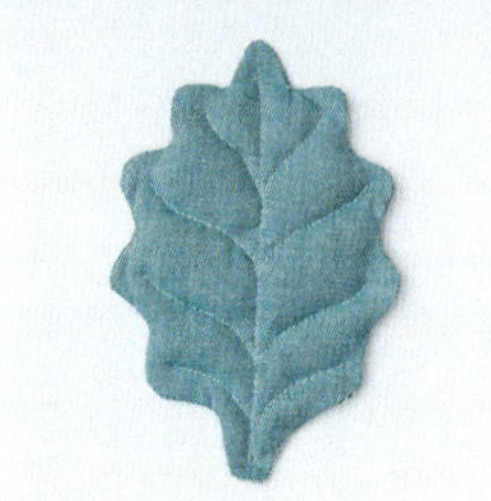

DER BLATT-TEPPICH

Material
- Stoffrest, 20 x 30 cm
- Nähgarn (gleiche Farbe wie der Stoff oder Kontrastfarbe)
- Trickmarker, Schere

Recyclingmaterial
- Dünner Schaumstoff (Verpackungsmaterial), 20 x 15 cm

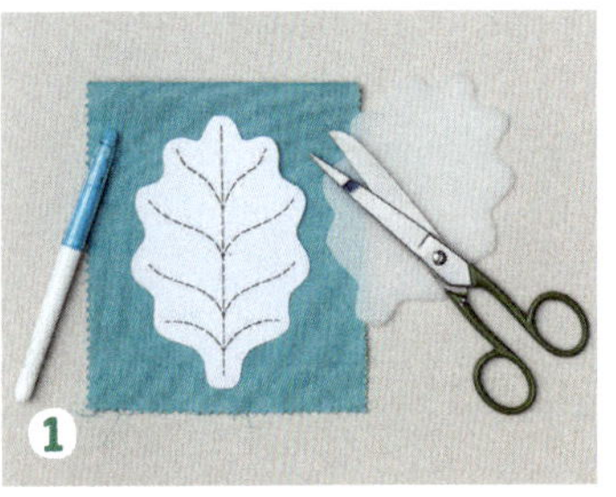

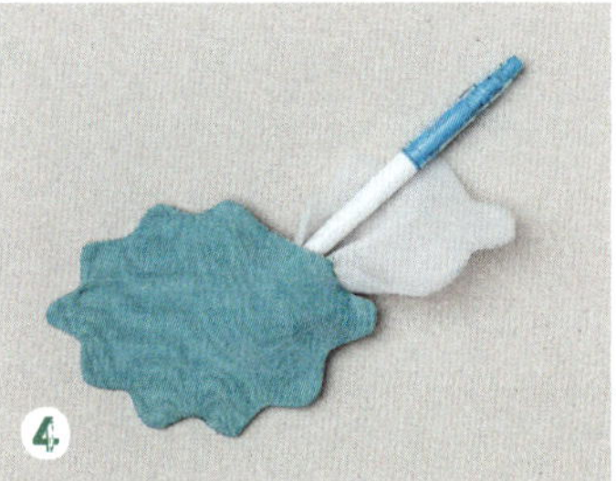

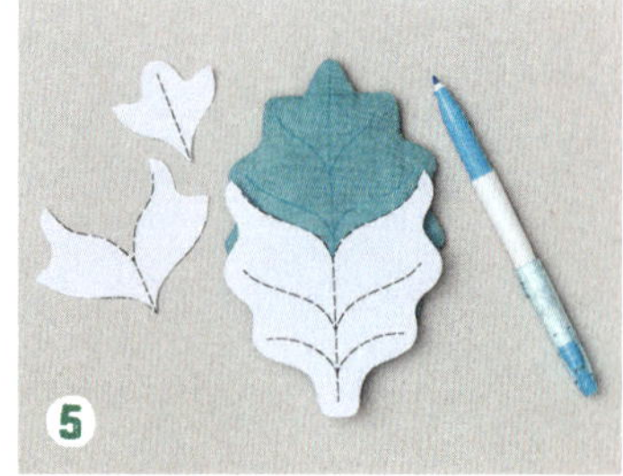

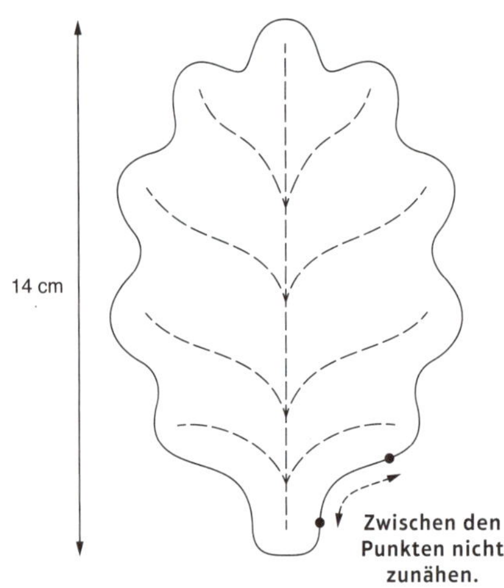

SCHNELLER UND EINFACHER
Das Blatt aus Filz ausschneiden und die Blattadern aufsticken.

So geht's:

1. Den Stoff doppelt legen (rechte Stoffseite innen), das Blatt anhand der Vorlage aufzeichnen und mit 1 cm Nahtzugabe ausschneiden. Das Blatt ohne Nahtzugabe aus dem Schaumstoff ausschneiden.

2. Das Blatt ringsherum zusammennähen, aber eine kleine Öffnung zum Wenden lassen. Die Nahtzugabe auf 4 mm zurückschneiden und an den Rundungen einschneiden.

3. Den Stoff auf rechts wenden und alle Rundungen sorgfältig herausdrücken.

4. Das Schaumstoffblatt in den Bezug schieben und die Öffnung mit kleinen Stichen zunähen.

5. Die Blattadern mit dem Trickmarker aufzeichnen. Mit der Mittelader beginnen, dann die seitlichen Adern vorzeichnen. Dafür kannst du das Papierblatt an den oberen Blattadern abschneiden und als Schablone verwenden. Danach an den nächsten Adern abschneiden und wiederholen.

6. Die Blattadern von Hand mit Vorstich nachsticken oder mit der Nähmaschine steppen. Mit dem Föhn Warmluft auf die Striche blasen, damit sie verschwinden.

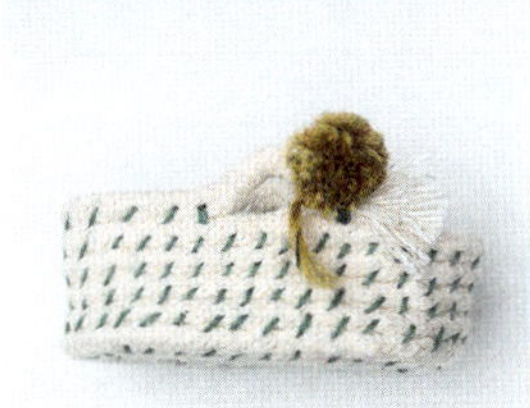

DER BABYKORB

Material

- 2 m Kordel, 6 mm Durchmesser
- Stopfgarn aus Wolle
- Nähgarn in der Farbe der Kordel
- Stopfnadel
- Schere

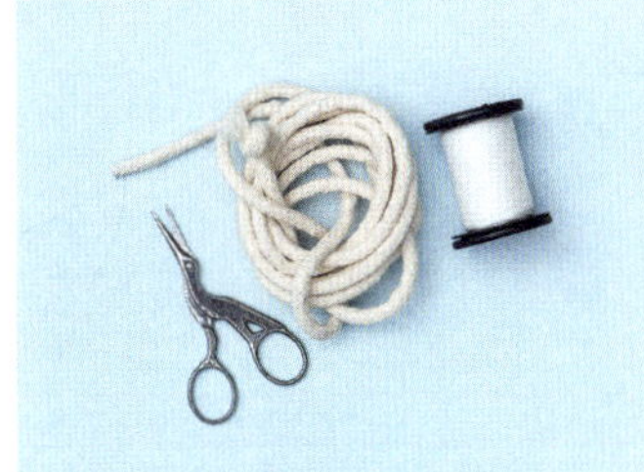

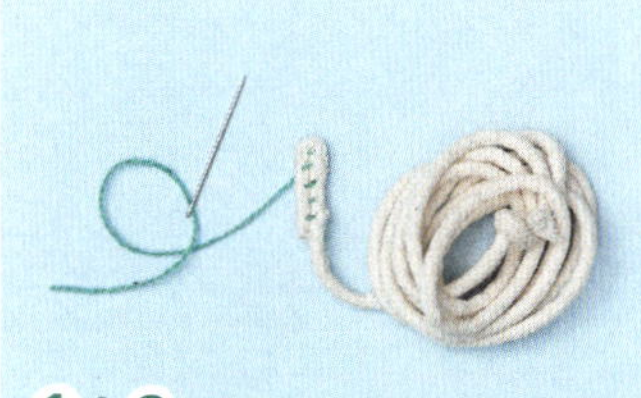

1 + 2

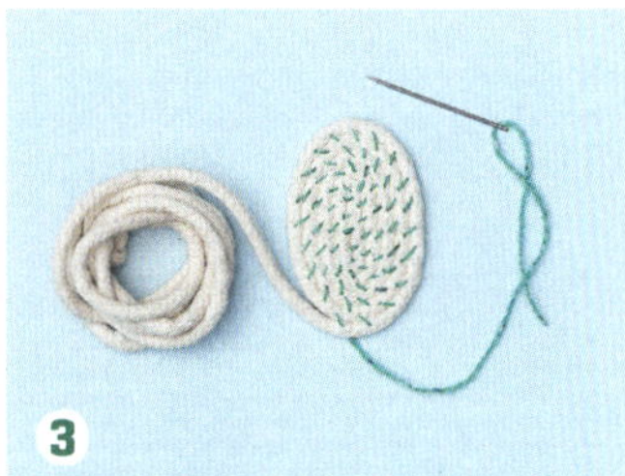

3

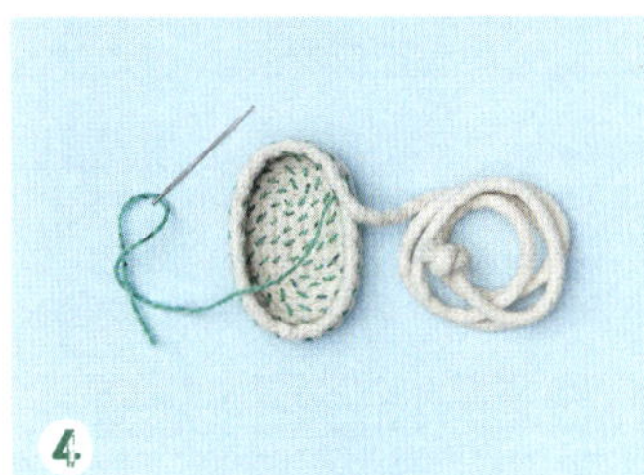

4

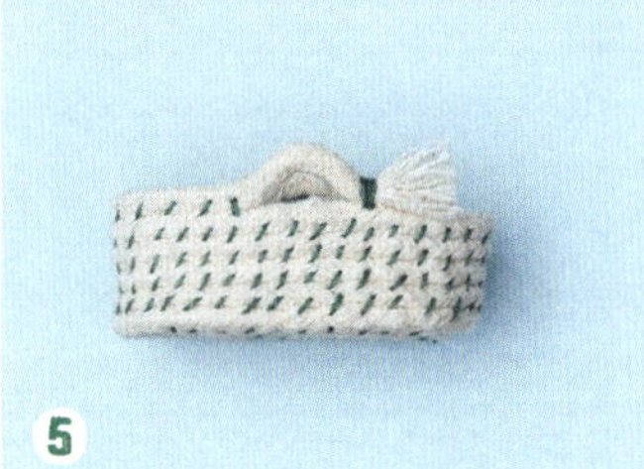

5

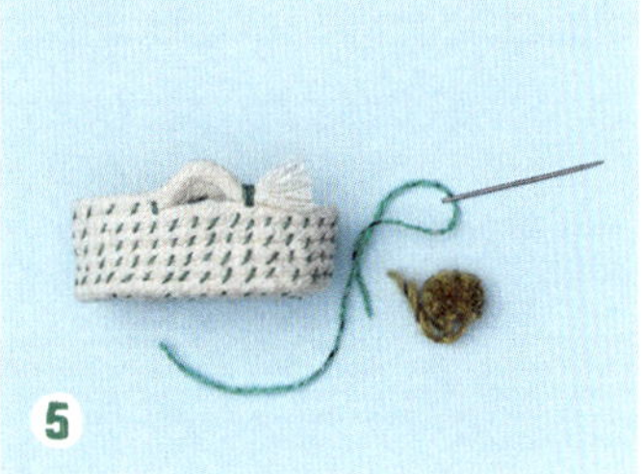

5

So geht's:

1. Einen Knoten in ein Ende der Kordel binden, damit es nicht ausfranst.

2. Für den Boden 3,5 cm Kordel doppelt legen und mit dem Stopfgarn zusammennähen.

3. Die Kordel wie eine längliche Schnecke um diesen Anfang wickeln und mit dem großen Stopfgarn festnähen. Der Boden soll etwa 5 x 8,5 cm groß sein.

4. Dann für die Wand des Korbs die Kordel auf die letzte Reihe der Schnecke legen und festnähen. Weitere Runden wie eine Spirale legen und festnähen. Die Wand soll etwa 3,5 cm hoch werden.

5. Für die Griffe an den Seiten kleine Stücke Kordel festnähen und die Enden ausfransen, damit die Griffe nicht aus den Stichen rutschen. Die Fransen auf 2 cm kürzen. Wenn du möchtest, kannst du das Körbchen noch mit einem kleinen Pompon verzieren.

IDEE

Für einen Teppich beginne wie beim Boden und wickle nur die flache Schnecke, bis die gewünschte Größe erreicht ist.

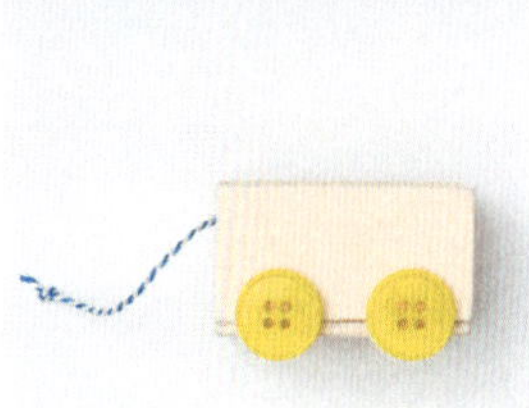

DIE SPIELZEUGKISTE

Material

- Alleskleber
- großer Cutter
- Bleistift
- Lineal
- Schere
- Mini-Bohrmaschine
- stabile Schnur, 12 cm lang

Recyclingmaterial

- Holzbrett, 3 mm dick (z. B. von einer Obstkiste)
- 4 Knöpfe, 2 cm Durchmesser

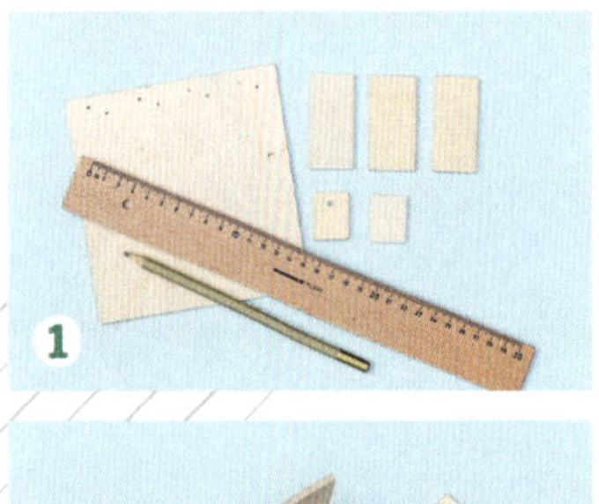

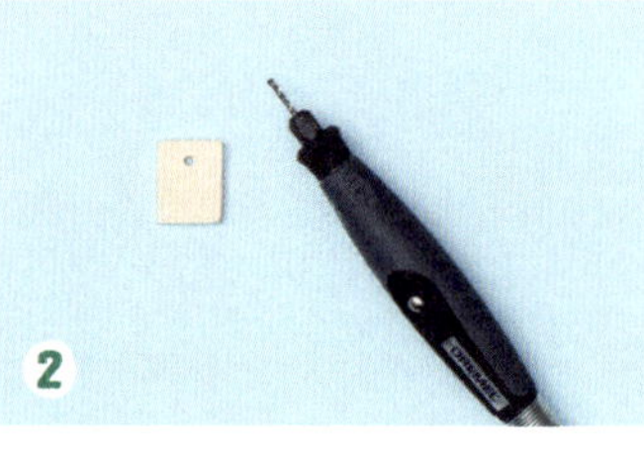

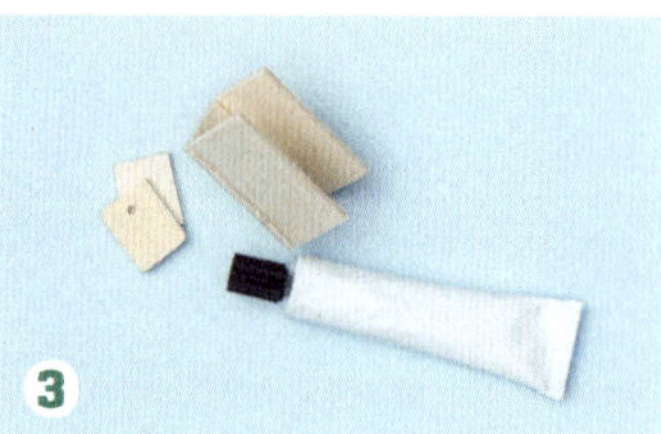

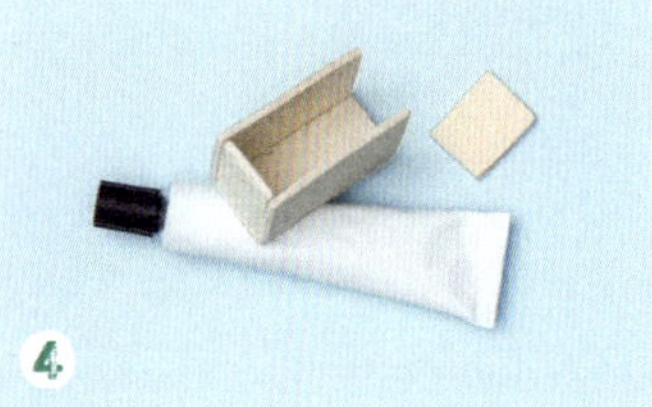

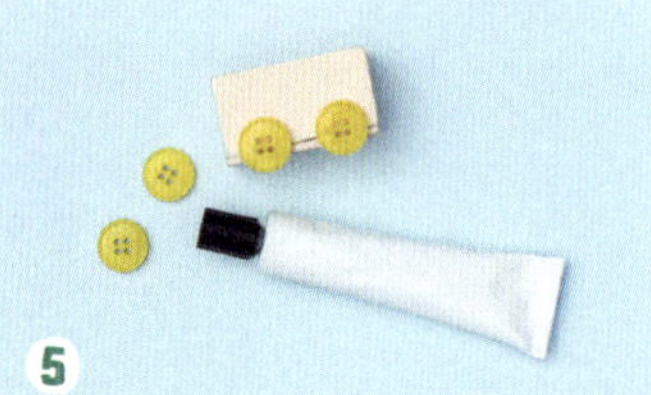

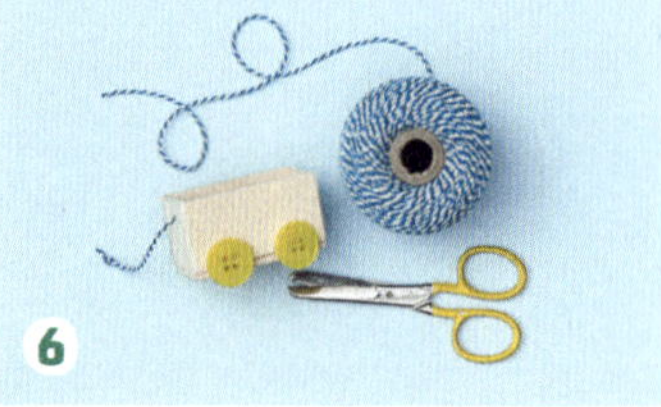

2,4 x 3 cm

2,4 x 3 cm

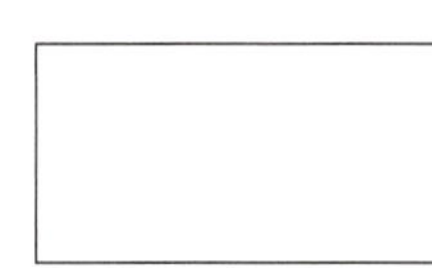

6 x 3 cm
3 Teile

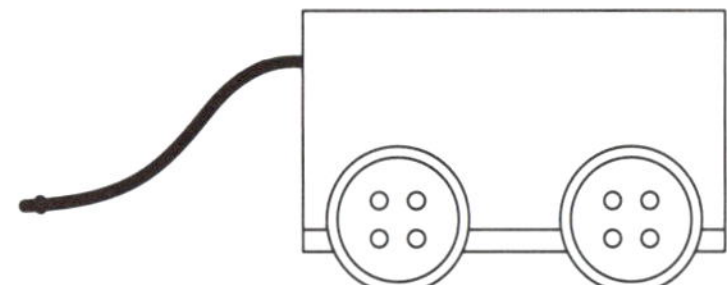

So geht's:

1. Schneide aus dem Holz zwei Rechtecke von 2,4 x 3 cm und drei Rechtecke von 3 x 6 cm zu.

2. In ein kleines Rechteck ein Loch bohren (siehe Zeichnung).

3. Klebe nun die drei großen Teile zusammen. Gut trocknen lassen.

4. Dann die kleinen Teile festkleben. Wieder trocknen lassen.

5. Die Knöpfe an die Seiten kleben.

6. Fädele die Schnur durch das Loch und binde in jedes Ende einen Knoten, damit sie nicht herausrutscht.

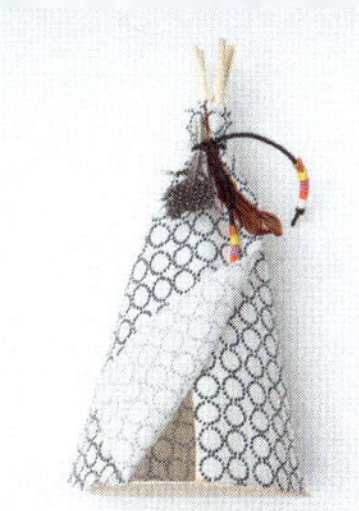

DAS TIPI ZELT

Material

- Stoffrest, 40 x 25 cm
- 40 cm dickes Nähgarn
- Perlen
- Schere, Seitenschneider
- Bleistift
- Heißklebepistole

Recyclingmaterial

- Holzboden von einer Camembert-Schachtel
- 4 chinesische Essstäbchen
- 2 Federn

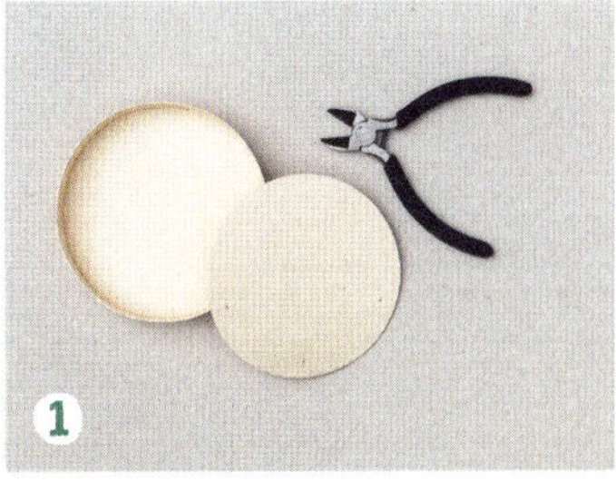
1

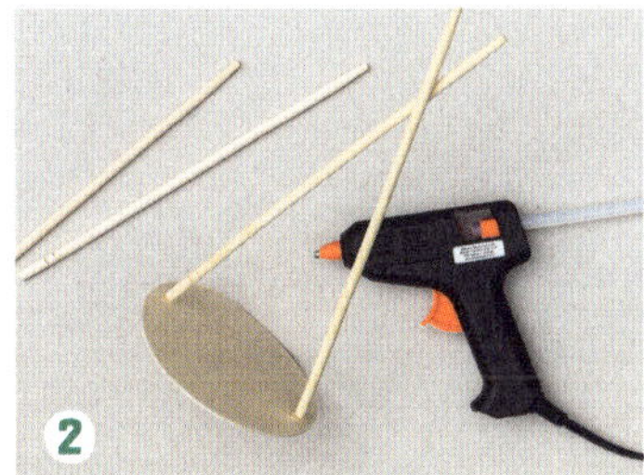
2

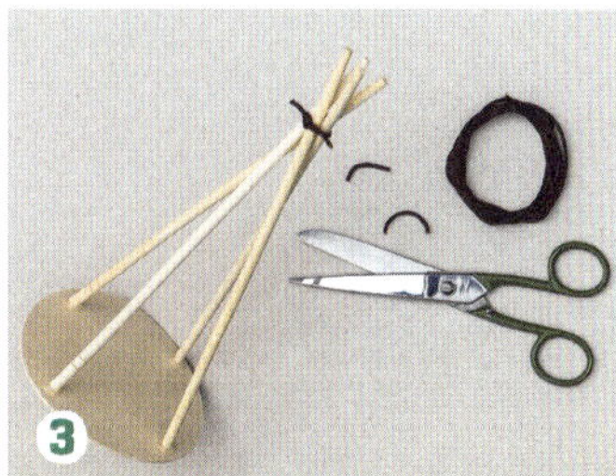
3

So geht's:

1. Löse den Holzboden aus der Käseschachtel.
2. Klebe die Essstäbchen in gleichmäßigen Abständen auf den Rand. Ein Stück vor den oberen Enden treffen sie über der Mitte der Basis zusammen.
3. Binde die Essstäbchen dort, wo sie sich kreuzen, fest mit dem Nähgarn zusammen.
4. Nun die Vorlage (unten) auf den Stoff übertragen und die Form ausschneiden.
5. Lege den Stoff um die Zeltstangen und nähe ihn mit einigen Stichen an den Stangen fest. Zuletzt kannst du als Dekoration die Federn und Perlen an den Zeltstangen befestigen, die oben herausschauen.

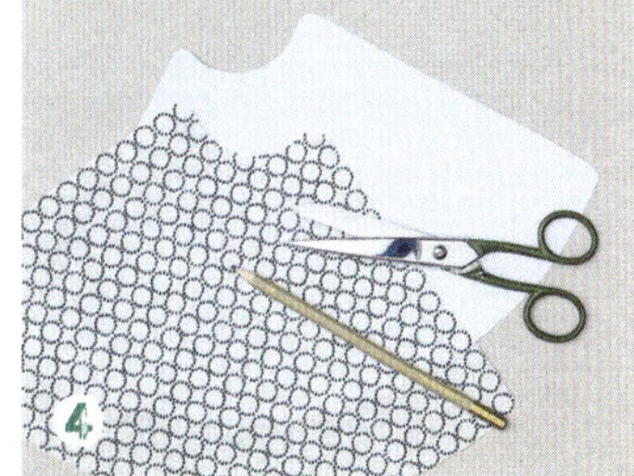
4

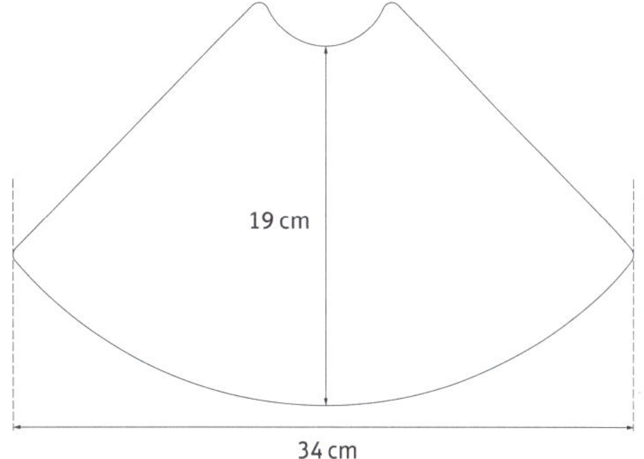

DIE APFEL- UND BIRNENKISSEN

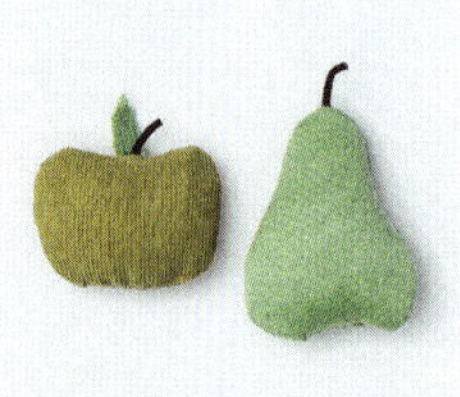

Material

- Schere
- Trickmarker
- Nähgarn
- Füllwatte

Recyclingmaterial

- 2 Stoffreste, je 15 x 10 cm
- 1 winziges Stück fester Stoff in Grün
- 5 cm Lederband oder Baumwollkordel

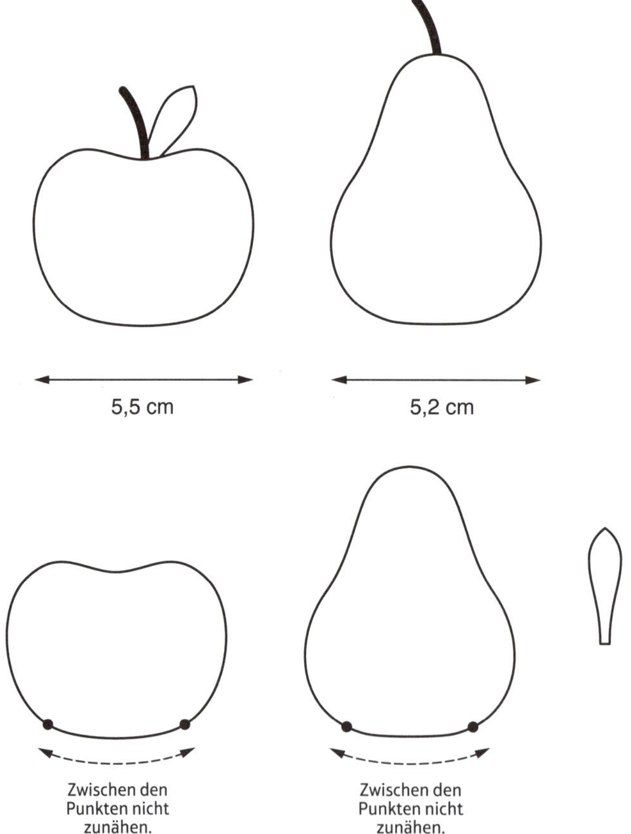

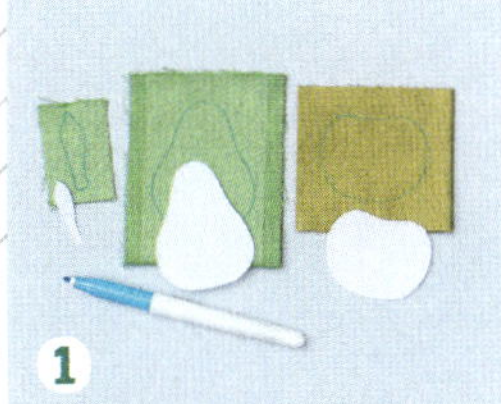

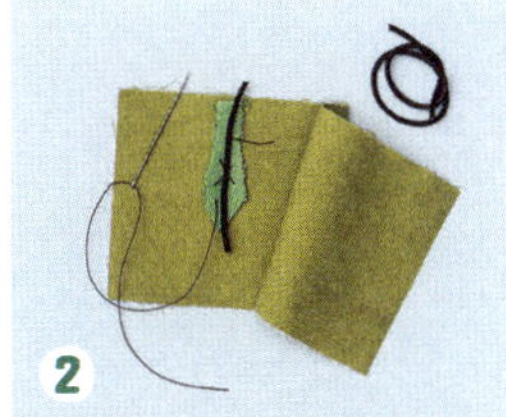

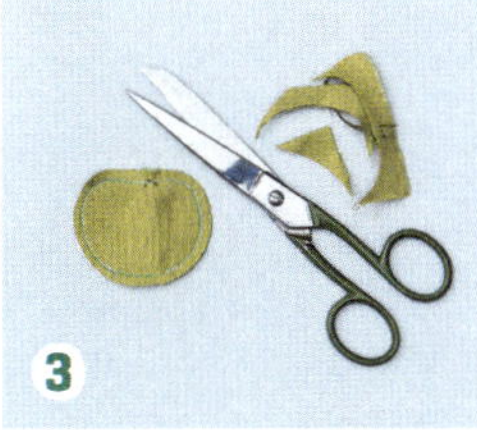

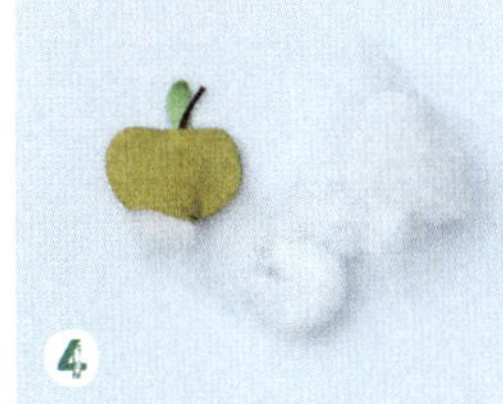

So geht's:

1. Die Formen aus Papier ausschneiden. Den Stoff doppelt legen, die Formen übertragen und mit 1 cm Nahtzugabe zuschneiden.

2. Lege Blatt und Stiel kopfüber zwischen die Stofflagen und befestige sie provisorisch mit einigen großen Stichen.

3. Die Form ringsherum zusammennähen, aber eine Öffnung zum Wenden lassen. Die Nahtzugabe auf 4 mm zurückschneiden und an den Rundungen einknipsen*.

4. Trenne die Stiche, mit denen Blatt und Stiel festgehalten wurden, wieder auf. Wende die Kissen auf rechts und drücke die Rundungen heraus. Dann die Kissen mit Füllwatte ausstopfen und die Öffnungen mit kleinen Stichen zunähen.

DER LÖWENKOPF

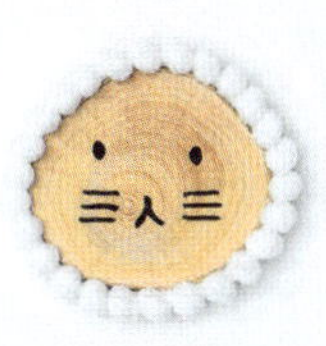

Material

- Schwarze Acrylfarbe
- dünner Pinsel
- 20 cm Pomponborte
- Heißklebepistole

Recyclingmaterial

- 1 Holzscheibe

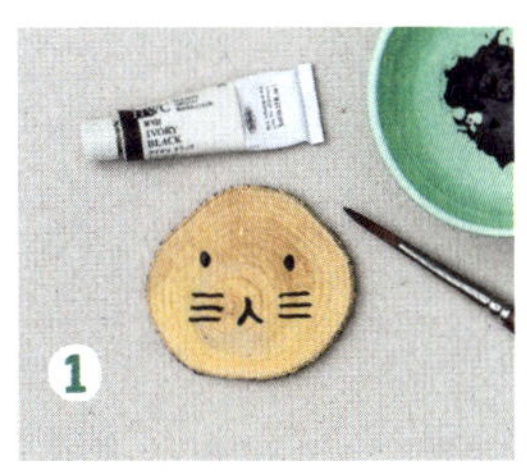

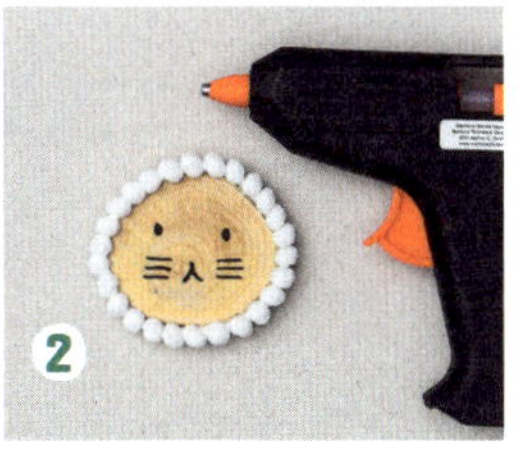

So geht's:

1. Male das Löwengesicht auf die Holzscheibe. Du kannst gern vom Foto abmalen.

2. Klebe die Pomponborte mit der Heißklebepistole rings um den Rand der Holzscheibe.

ANDERE IDEE

Wenn du keine Pomponborte hast, kannst du auch kurze Stücke Bast als Löwenmähne festkleben.

FACHAUSDRUCK

Einknipsen: Die Nahtzugabe auf der Innenseite von Rundungen wird in gleichmäßigen Abständen eingeschnitten, damit die Rundungen nach dem Wenden schön glatt aussehen.

DER REGENBOGEN

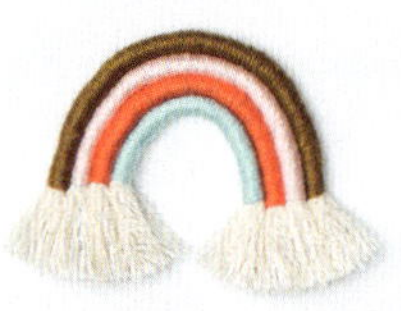

Material

- Stickgarn in 4 verschiedenen Farben
- Trickmarker, Lineal
- Schere
- Nähgarn
- lange Stopfnadel
- Klebestreifen
- Stecknadeln

Recyclingmaterial

- 4 Kordeln von Einkaufstüten, 24, 22, 20 und 18 cm lang

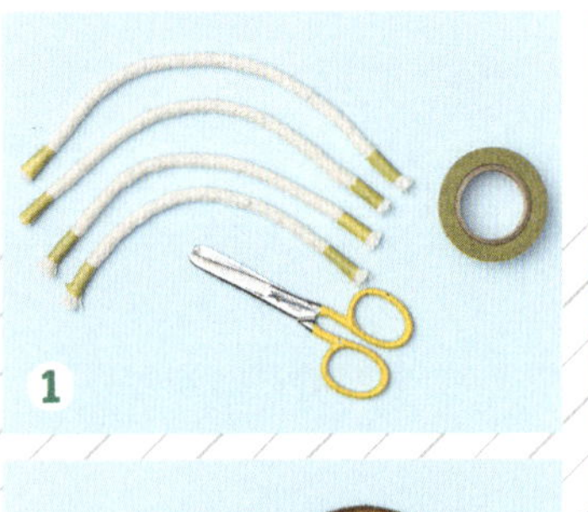

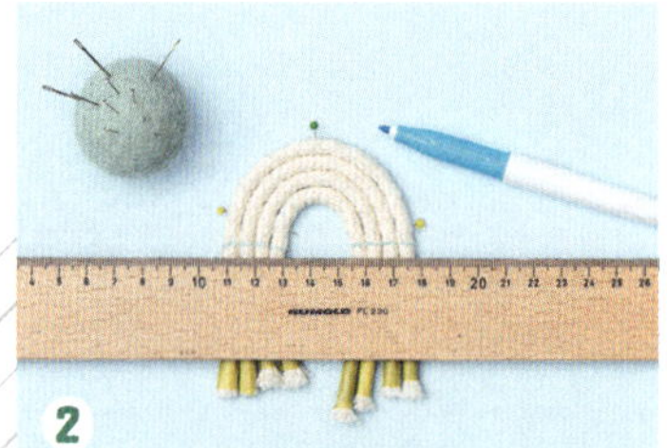

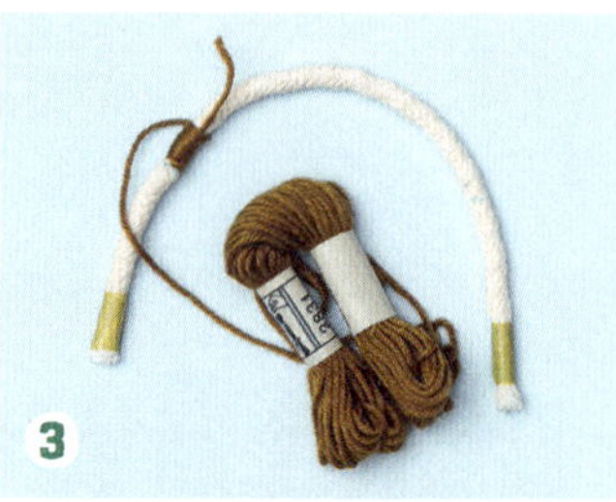

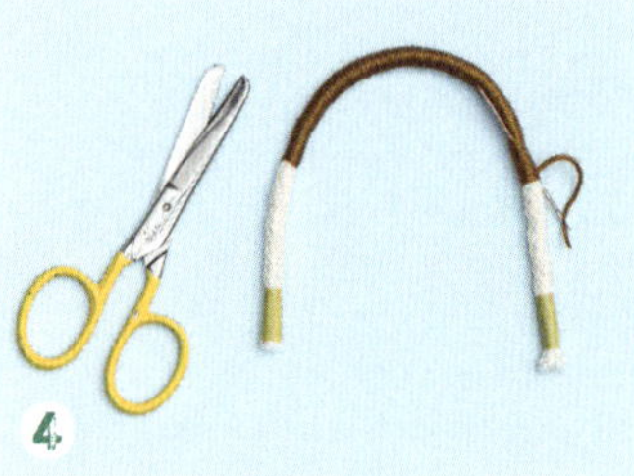

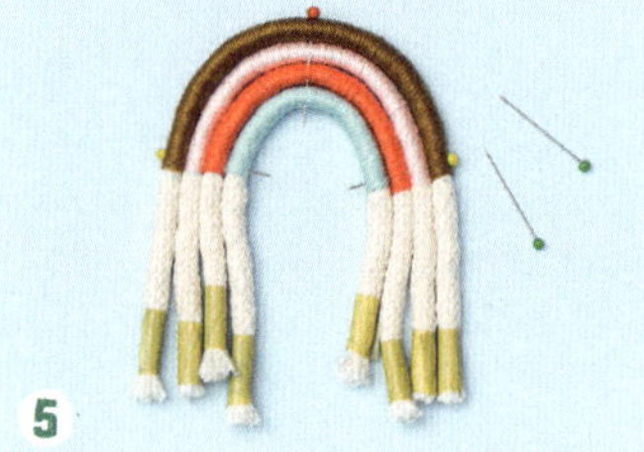

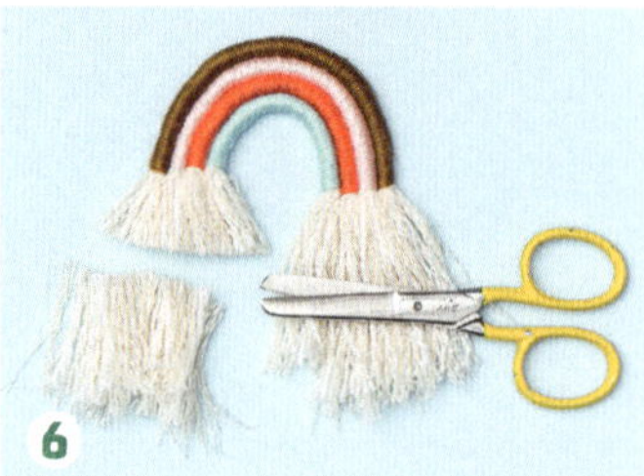

So geht's:

1. Wickle Klebestreifen um die Enden der Kordeln, damit sie nicht ausfransen.

2. Lege die Kordeln wie einen Regenbogen und stecke sie mit Stecknadeln zusammen. Für das untere Ende deines Regenbogens mit dem Trickmarker einen Querstrich zeichnen.

3. Das Stickgarn am ersten Strich um die Kordel knoten, dann die Kordel dicht an dicht mit dem Stickgarn umwickeln, bis der zweite Strich erreicht ist. Dabei wird das Garnende vom Anfang verdeckt.

4. Das Garn am zweiten Strich verknoten, dann mit der Stopfnadel ins Innere der Kordel ziehen.

5. Umwickle die drei restlichen Kordeln ebenso mit Stickgarn in anderen Farben. Lege die vier umwickelten Kordeln wieder zum Regenbogen und nähe sie auf der Rückseite an einigen Stellen zusammen.

6. Zuletzt kannst du die Klebestreifen abnehmen, die Enden der Kordeln ausfransen und gerade abschneiden.

DER SCHREIBTISCH

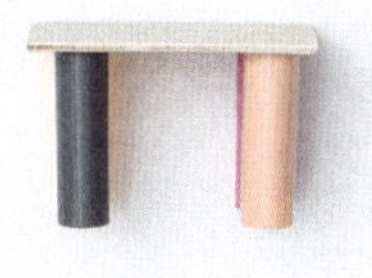

Material
- Cutter
- Lineal
- Bleistift
- Heißklebepistole
- Schleifpapier

Recyclingmaterial
- 1 Stück dünnes Holz, 7,5 x 5 cm, z. B. von einer Obstkiste
- 4 Kappen von ausgetrockneten Filzstiften

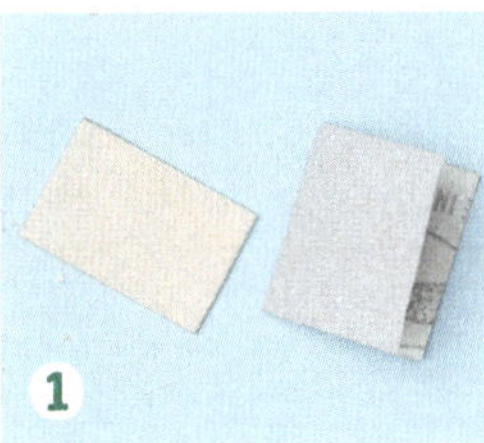

1

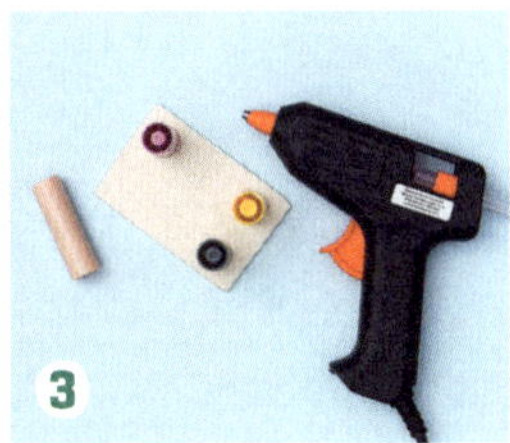

3

So geht's:

1. Schneide mit dem Cutter das Rechteck aus Holz zu und schleife die Kanten glatt.

2. Befestige die Filzstiftkappen als Beine mit der Heißklebepistole auf der Unterseite der Platte.

DIE WIMPELKETTE

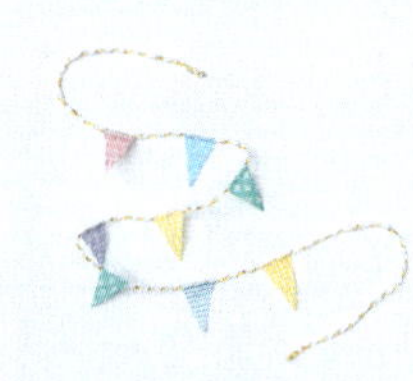

Material
- dünne Schnur
- Klebeband in mehreren Farben
- Schere
- Lineal

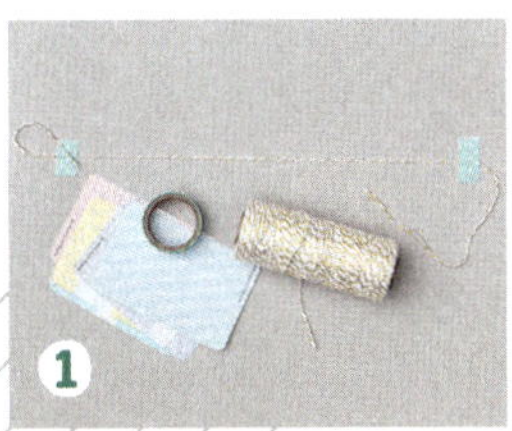

1

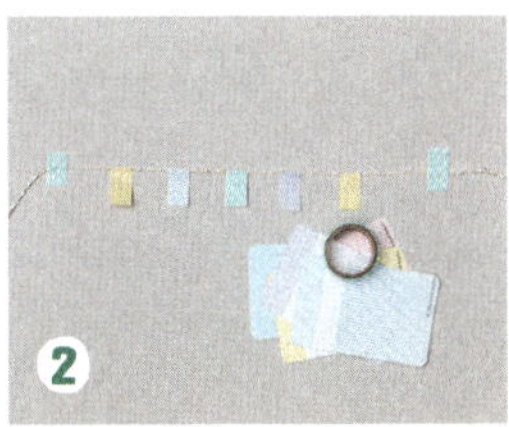

2

So geht's:

1. Lege die Schnur auf den Tisch und klebe beide Enden mit Klebeband fest, damit sie gespannt bleibt. Schneide von den Klebebändern 6 cm lange Stücke ab und klebe sie um die Schnur. Lass dazwischen jeweils 2,5 cm frei. Wechsle die Farben ab.

2. Danach kannst du die kleinen Fahnen dreieckig zuschneiden.

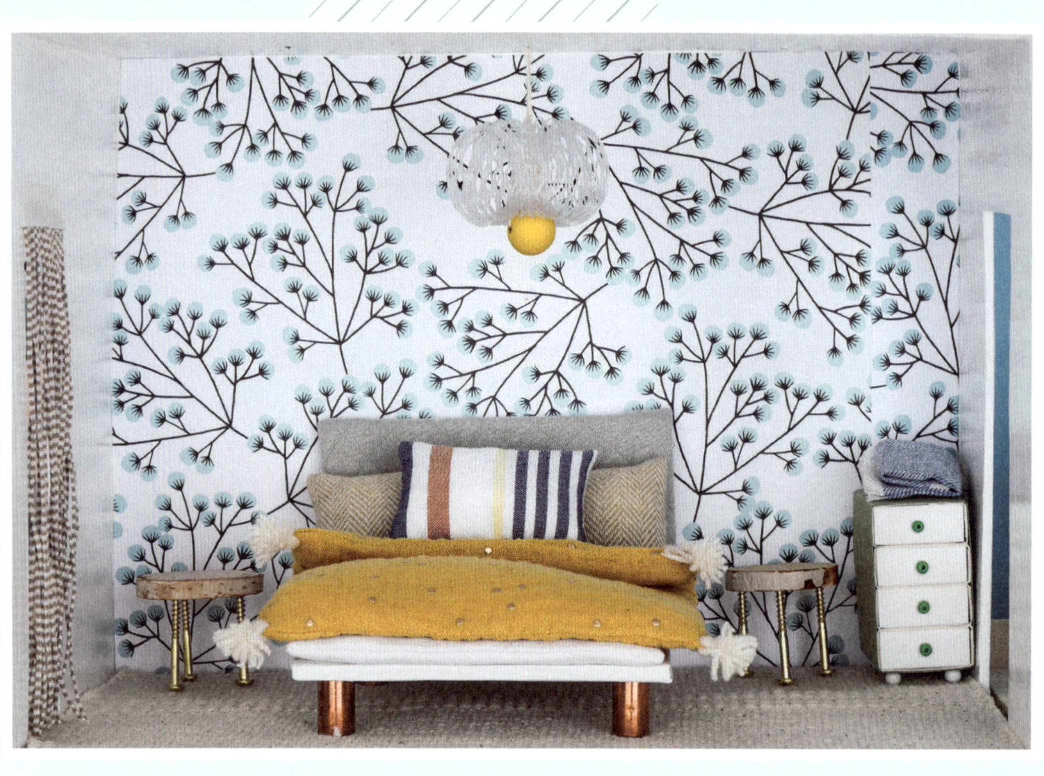

DAS SCHLAF-ZIMMER

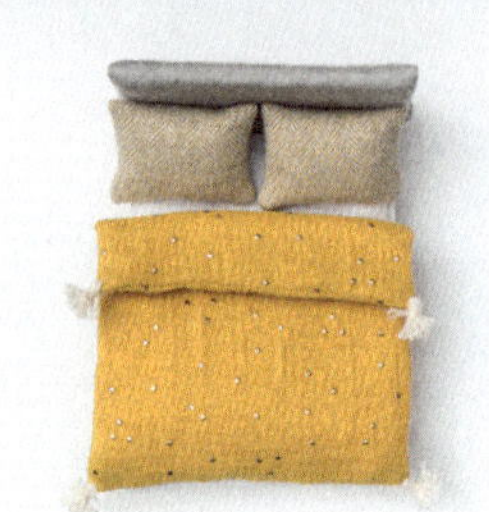

DAS BETT

Material

- Cutter, Heißklebepistole
- weißes Papierklebeband
- Schwamm
- Acrylfarbe
- Pinsel
- fester Stoff, 20 x 20 cm
- Schere, Nadel und Faden

Recyclingmaterial

- feste Pappe, 30 x 20 cm
- 4 Korken, Perlen, Flaschendeckel oder andere kleine Teile für die Beine

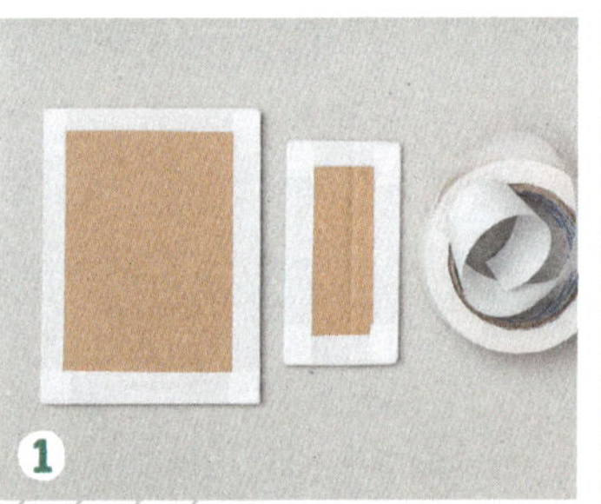
1

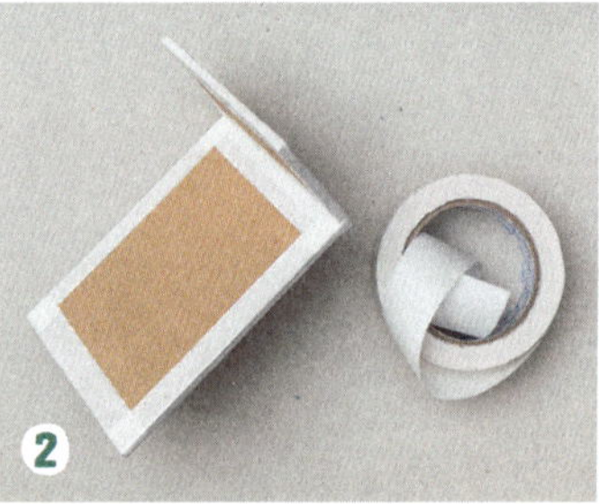
2

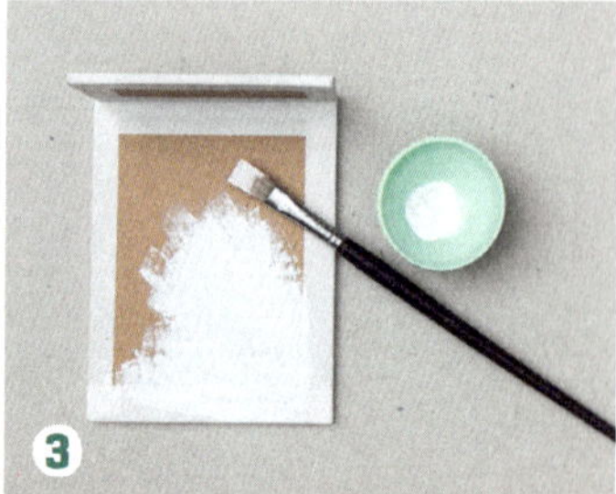
3

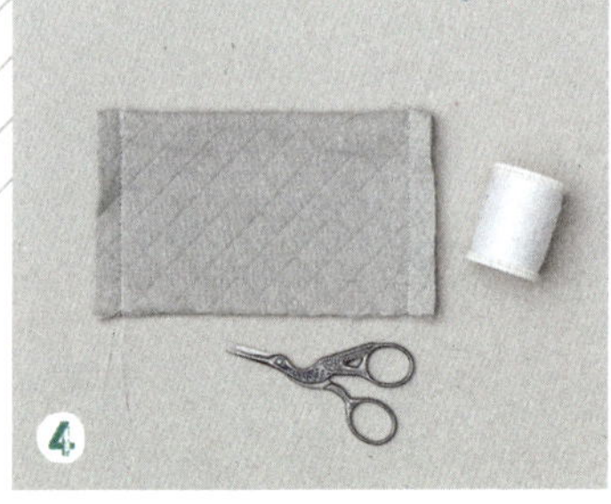
4

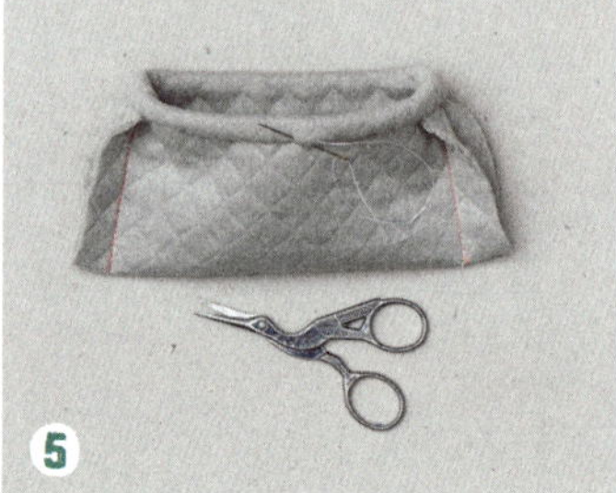
5

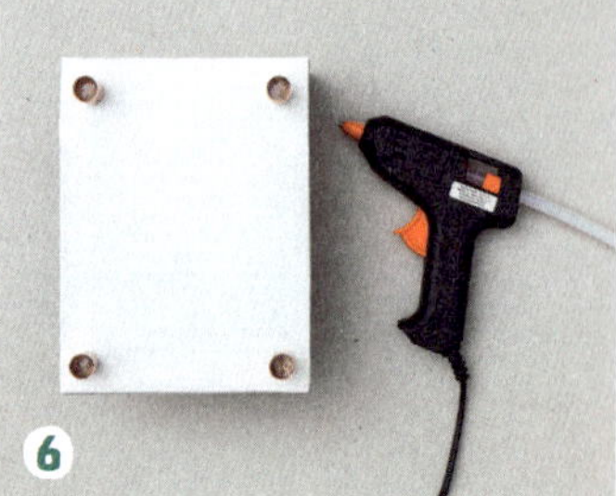
6

So geht's:

1. Aus der Pappe ein Rechteck von 13 x 17 cm und eins von 13 x 7 cm zuschneiden. Die Kanten mit Papierklebeband bekleben.

2. Die Teile mit Papierklebeband so zusammenkleben, dass sie einen sauberen rechten Winkel bilden (das würde durch Falten der Pappe nicht gelingen). Am besten auf jede Seite zwei Lagen des Klebebands kleben, damit die Verbindung stabil wird.

3. Jetzt kannst du das Bett in einer Farbe deiner Wahl bemalen. Gut trocknen lassen.

4. Den Stoff doppelt legen und ein Rechteck von 16 x 9,5 cm aufzeichnen. Die beiden Schmalseiten zusammennähen.

5. Die offene Kante säumen. Mit diesem Stoff wird das Kopfende bezogen.

6. Klebe die vier Füße unter das Bett.

7. Jetzt musst du noch Kopfkissen und Bettdecke nähen (siehe Sofa, Seite 20).

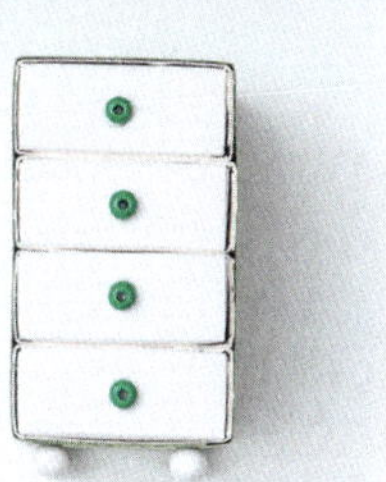

DIE KOMMODE

Material

- Klebstoff
- Lineal, Schere
- Bleistift
- 4 Perlen für die Füße
- 4 kleinere Perlen für die Griffe der Schubladen
  Acrylfarbe
- Pinsel

Recyclingmaterial

- 4 Streichholzschachteln
- 1 Stück hübsches Papier zum Bekleben der Streichholzschachteln, ca. 6 x 20 cm

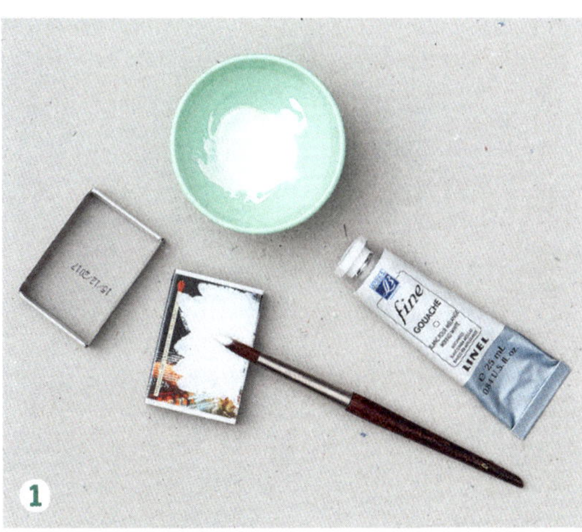

1

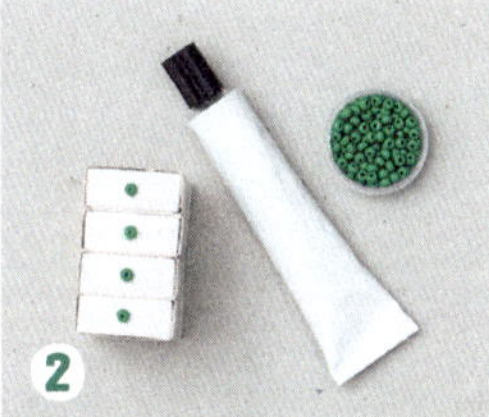

2

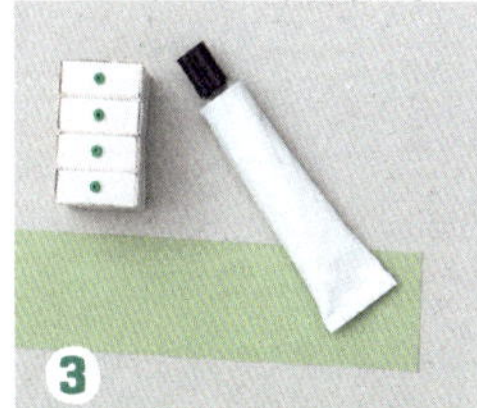

3

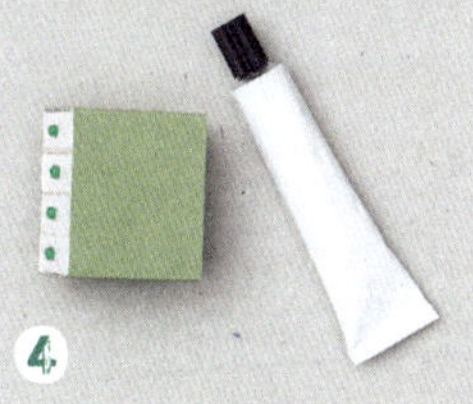

4

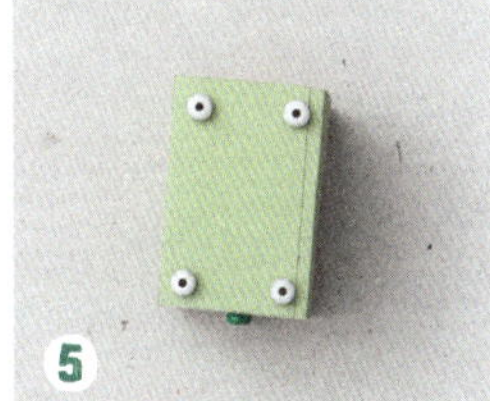

5

So geht's:

1. Bemale die Streichholzschachteln mit Acrylfarbe. Gut trocknen lassen.

2. Klebe dann die Streichholzschachteln aufeinander. Befestige die vier kleinen Perlen an den Vorderseiten. Den Kleber trocknen lassen.

3. Miss den Umfang des Streichholzschachtelturms. Du kannst dafür einen Faden um die Schachteln legen und seine Länge messen.

4. Schneide aus dem Papier einen Streifen zu. Seine Breite entspricht der Tiefe der Streichholzschachteln. Für seine Länge gibst du zum Umfang 1 cm dazu. Klebe den Streifen um die Streichholzschachteln, sodass die Schnittkante unten liegt.

5. Zuletzt musst du noch die vier Perlen als Füße unter deine Kommode kleben. Den Klebstoff trocknen lassen.

DIE NACHTTISCHE

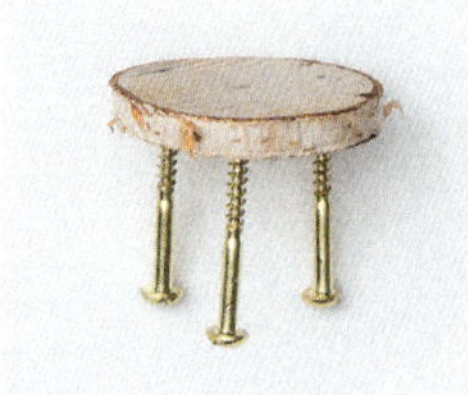

Material
- 6 blanke Schrauben, 4 cm lang
- passender Holzbohrer
- Bleistift
- Schraubendreher

Recyclingmaterial
- 2 dünne Holzscheiben, ca. 5 cm Durchmesser

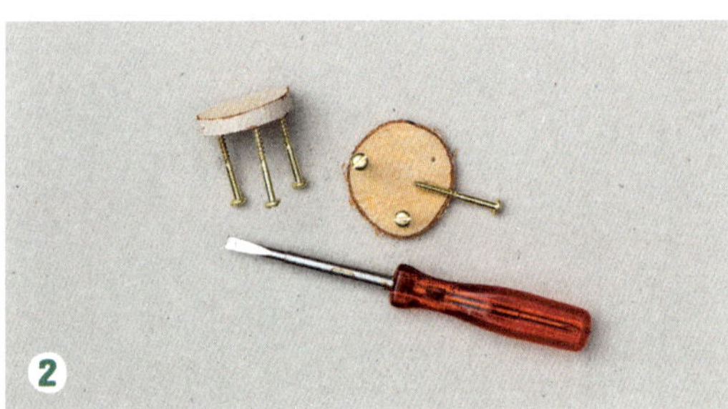

So geht's:

1. Zeichne mit einem Bleistift auf der Unterseite der Holzplatte die Positionen der Beine an.

2. Bohre mit dem Holzbohrer Löcher ins Holz – aber nicht ganz durchbohren! Drehe die Schrauben hinein und drehe die Nachttische um.

DIE HÄNGELAMPE

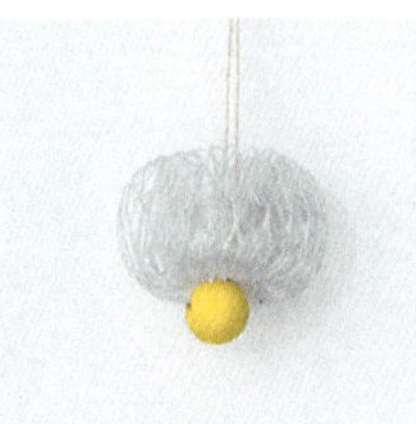

Material
- 2 Perlen in verschiedenen Größen
- dickes Nähgarn

Recyclingmaterial
- 1 Stück Netzschlauch (z. B. von Obst oder Knoblauch)

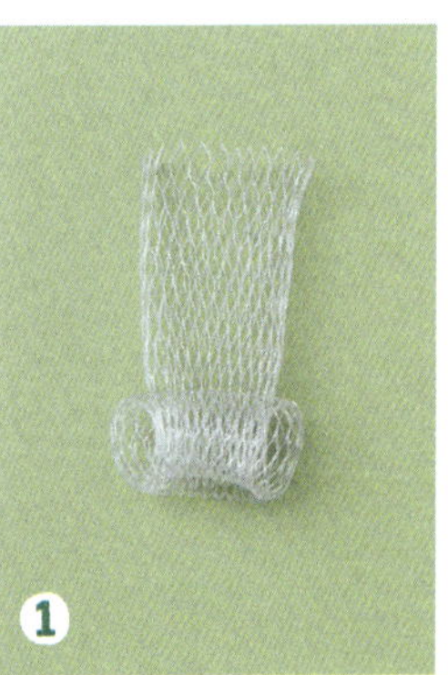

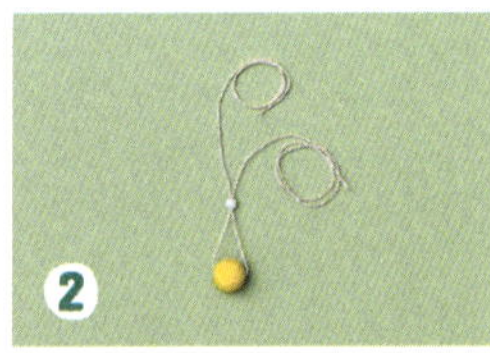

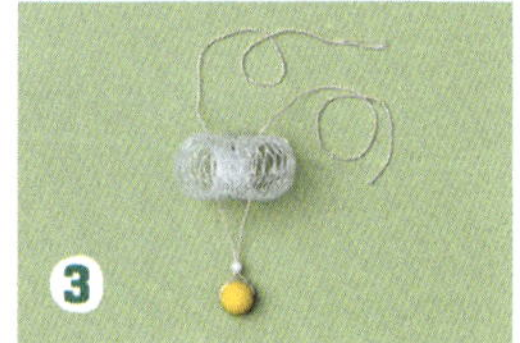

So geht's:

1. Rolle den Netzschlauch so auf wie einen Strumpf. Der Lampenschirm soll wie ein dicker Ring aussehen.

2. Ziehe den Faden durch die größere Perle und verknote seine beiden Enden. Fädele danach die kleinere Perle auf beide Fäden.

3. Ziehe die Fäden durch den Lampenschirm, aber nicht einfach durch die Mitte (sonst rutschen die Perlen durch), sondern durch das Netz.

DER BLUMENTOPF

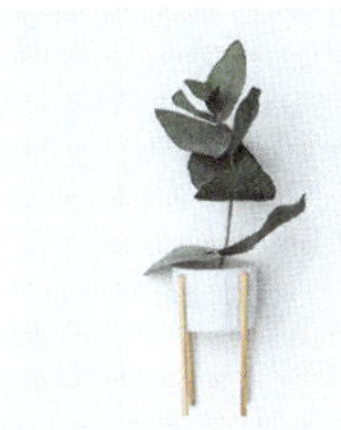

Material
- Cutter
- Schleifpapier (bei Bedarf)
- Alleskleber
- lufthärtende Modelliermasse
- 4 Wäscheklammern

Recyclingmaterial
- 1 Flaschendeckel (nicht zu niedrig)
- 1 Holzspieß
- 1 Zweig getrockneter Eukalyptus

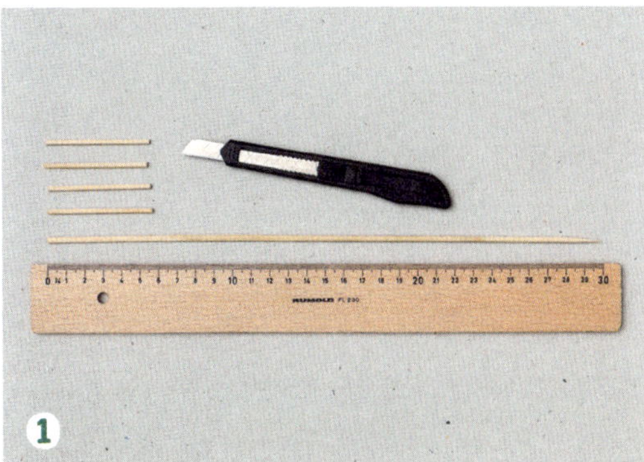

1

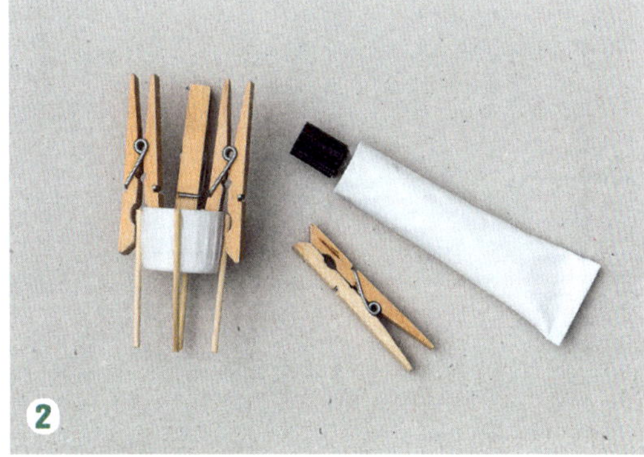

2

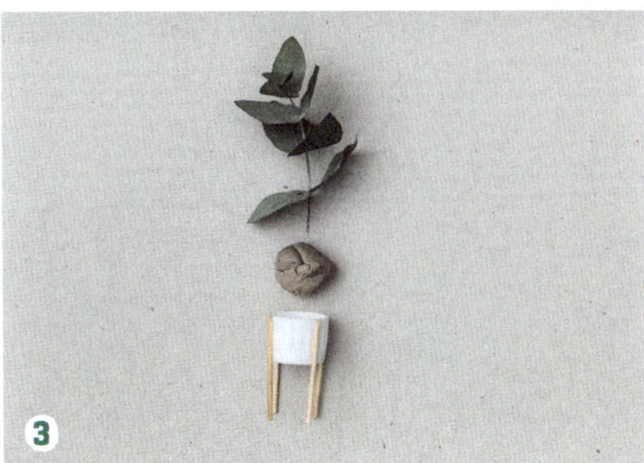

3

So geht's:

1. Schneide den Holzspieß mit dem Cutter in vier Stücke von 6 cm Länge. Falls nötig, die Enden glatt schleifen.

2. Die vier Holzstücke an den Flaschendeckel kleben. Halte sie mit Wäscheklammern fest, bis der Kleber getrocknet ist.

3. Den Deckel zu drei Vierteln mit Modelliermasse füllen. Den Eukalyptuszweig in die weiche Modelliermasse stecken, dann trocknen lassen.

ANDERE IDEE
Für die Beine kannst du auch Streichhölzer verwenden.

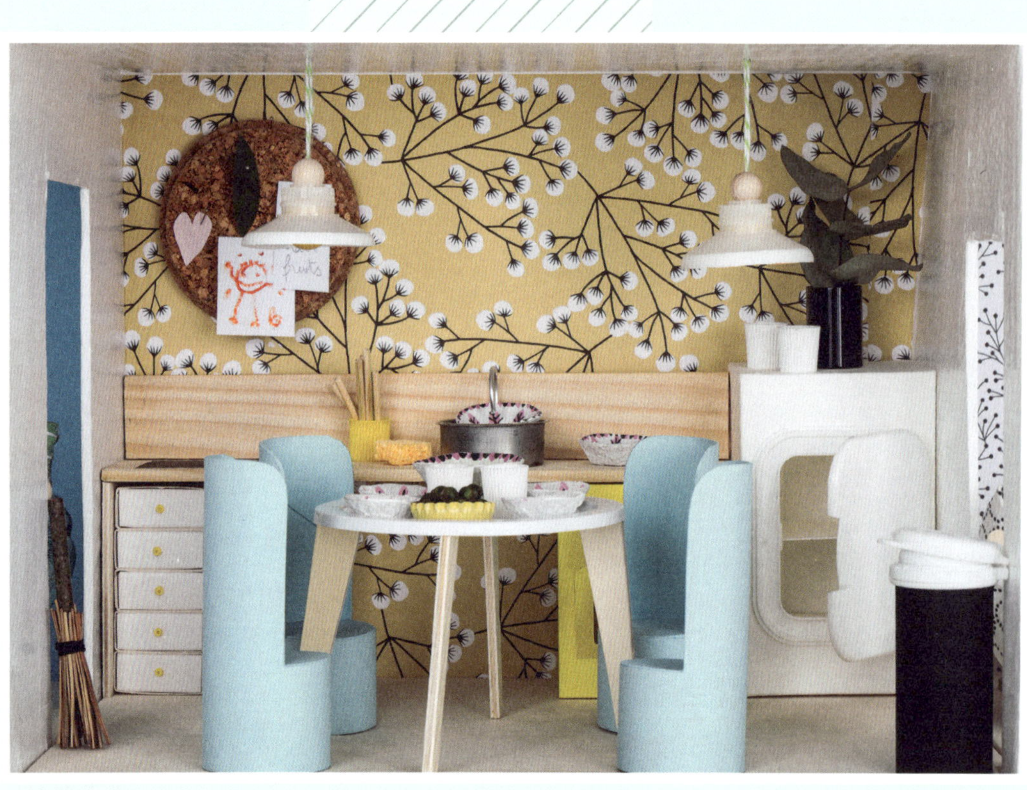
fruits

DIE KÜCHE

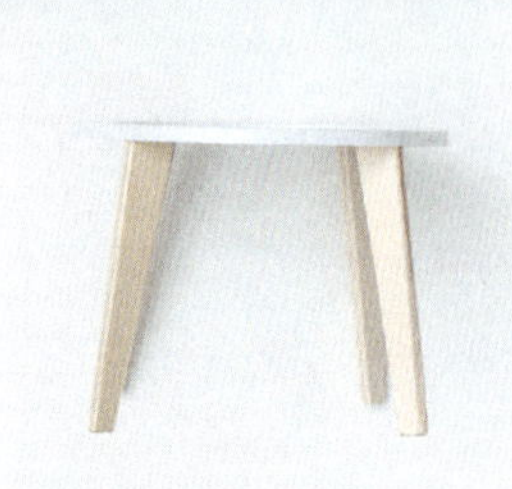

DER TISCH

Material
- Cutter
- Bleistift
- Lineal
- Heißklebepistole
- Schleifpapier

Recyclingmaterial
- 1 runder Deckel, ca. 11 cm Durchmesser
- Holzbrett, 5 mm dick, z. B. von einer Obstkiste

So geht's:

1. Anhand der Vorlage (unten) die Beine auf dem Holzbrett vorzeichnen.

2. Die Beine mit einem Cutter ausschneiden. Wenn es dir lieber ist, kannst du auch eine Säge verwenden. Wenn nötig mit Schleifpapier glätten.

3. Die Beine mit Heißkleber an die Unterseite der Tischplatte kleben. Gut trocknen lassen.

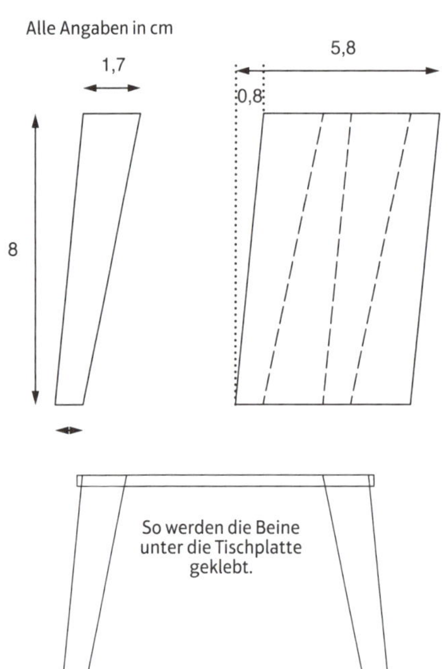

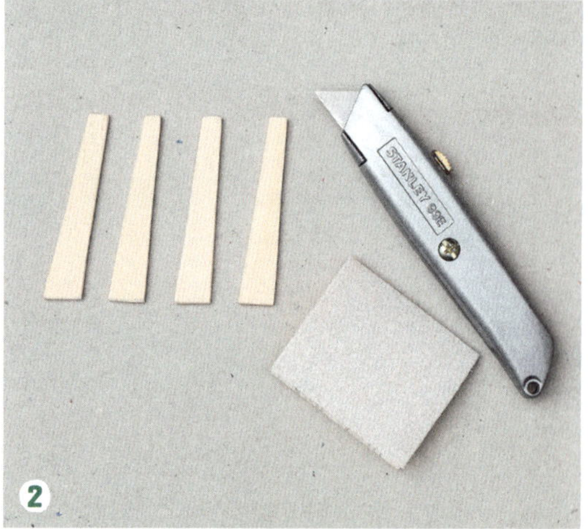

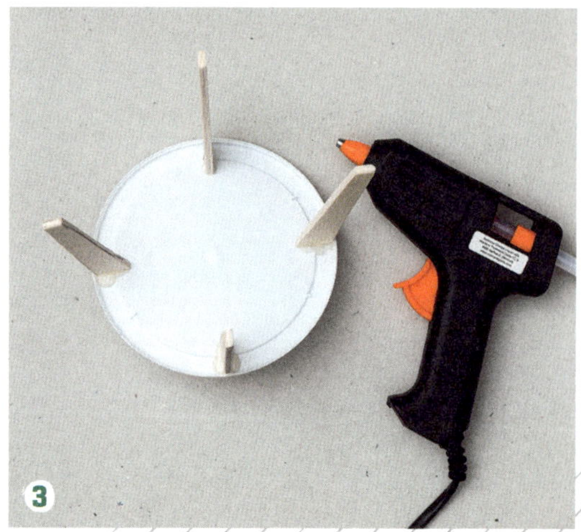

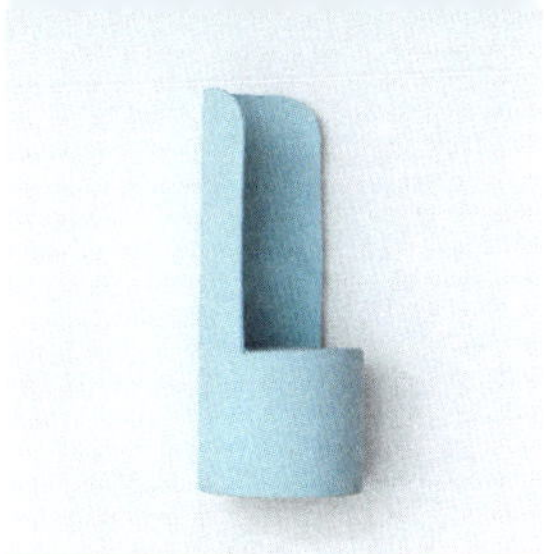

DIE STÜHLE

Material
- Schere
- Bleistift
- Heißklebepistole
- Acrylfarbe
- Pinsel
- Washi-Tape

Recyclingmaterial
- 4 Pappröhren von Toilettenpapier
- stabile Pappe

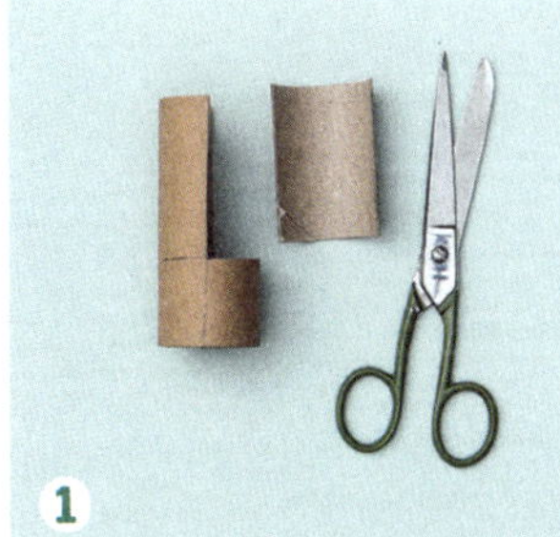

1

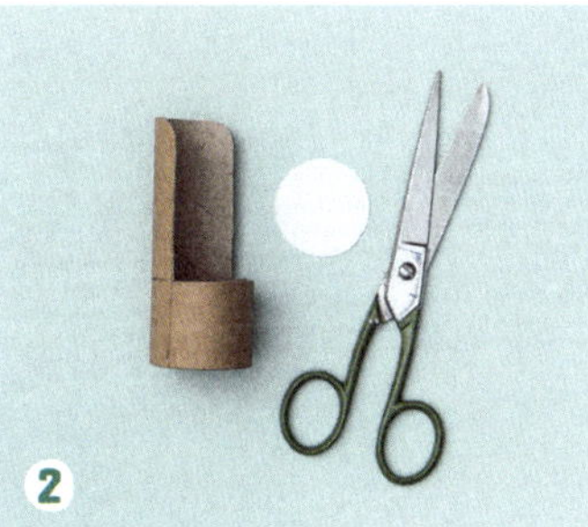

2

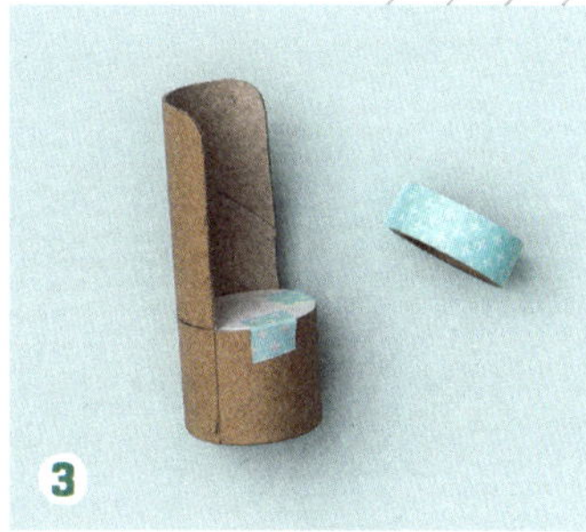

3

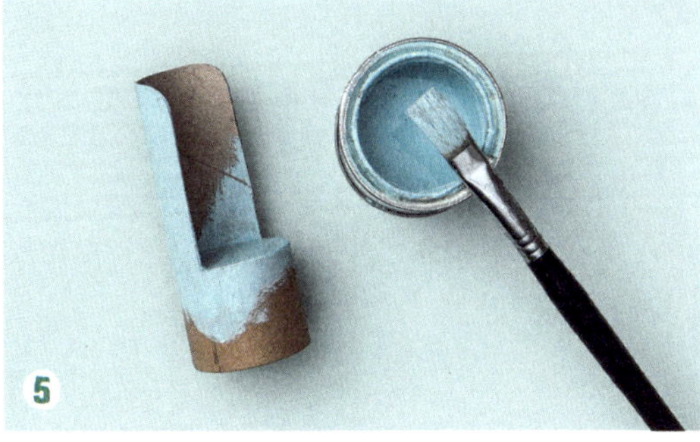

5

TIPP
Die gefilzten Figuren können auf normalen Stühlen nicht sitzen. Darum haben diese Stühle eine halbkeisförmige Lehne, die sie in der sitzenden Position festhält.

So geht's:

1. In 3,5 cm Abstand zu einem Ende der Pappröhre ringsherum einen Strich zeichnen. Von dort aus zwei senkrechte Striche zeichnen, die sich gegenüber liegen. Die Hälfte des oberen Teils abschneiden.

2. Die oberen Ecken abrunden. Den Durchmesser der Pappröhre messen und aus Pappe einen Kreis in dieser Größe zuschneiden.

3. Den Kreis als Sitzfläche auf den Stuhl legen und mit Washi-Tape festkleben.

4. Die Pappröhre umdrehen und den Sitz von innen mit Heißkleber festkleben. Trocknen lassen. Dann kannst du das Washi-Tape wieder ablösen.

5. Zuletzt werden die Stühle ein einer Farbe deiner Wahl bemalt. Lass jede Schicht gründlich trocknen.

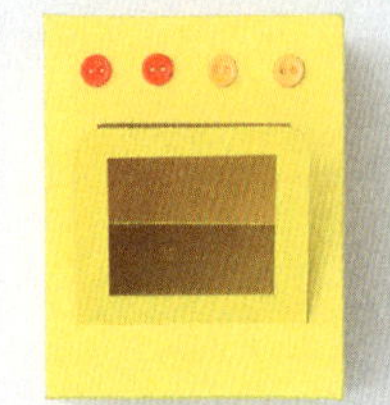

DER HERD

Material
- Cutter
- Bleistift
- Lineal
- Klebstoff
- Falzbein*

Recyclingmaterial
- stabiles Papier
- 1 Stück transparente Folie (z. B. von einem Deckel)
- kleine Knöpfe

Alle Angaben in cm

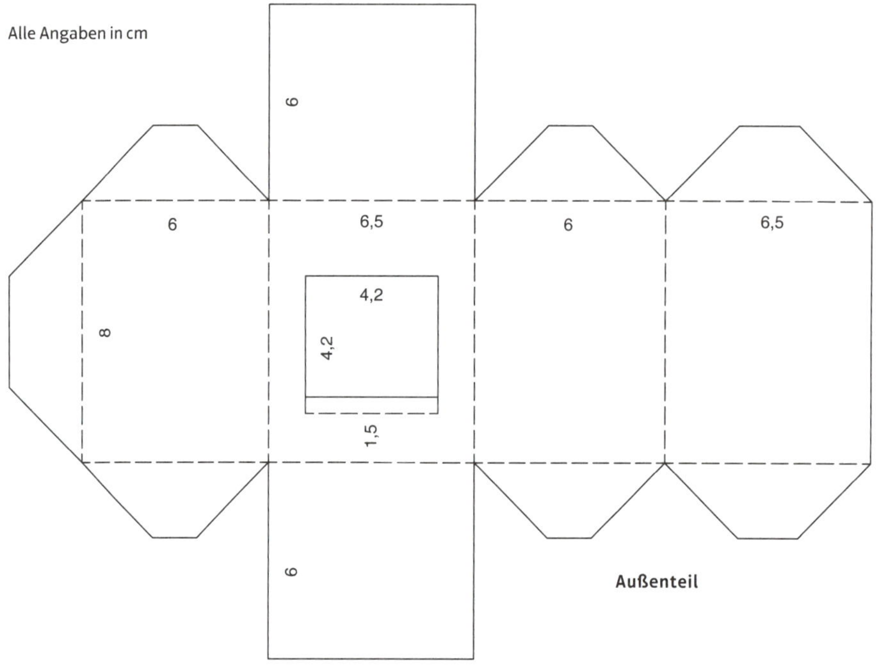

Außenteil

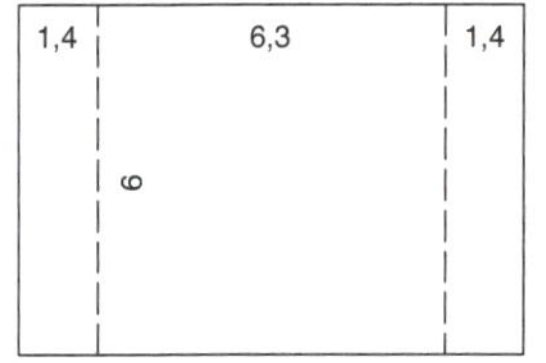

Innenteile

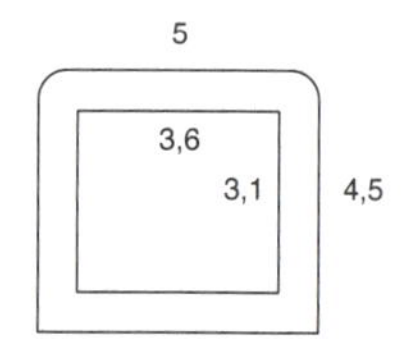

Klappe

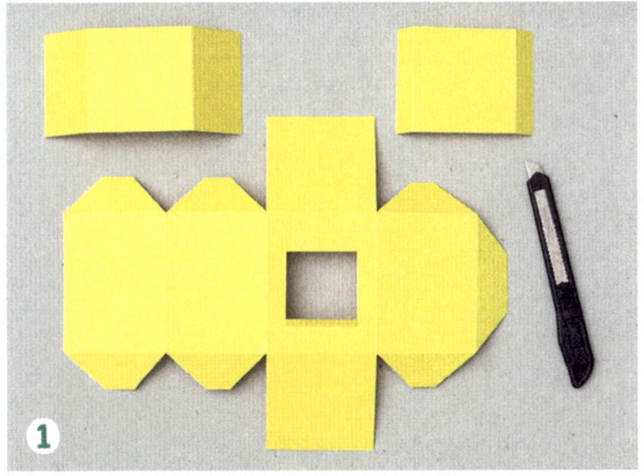
1

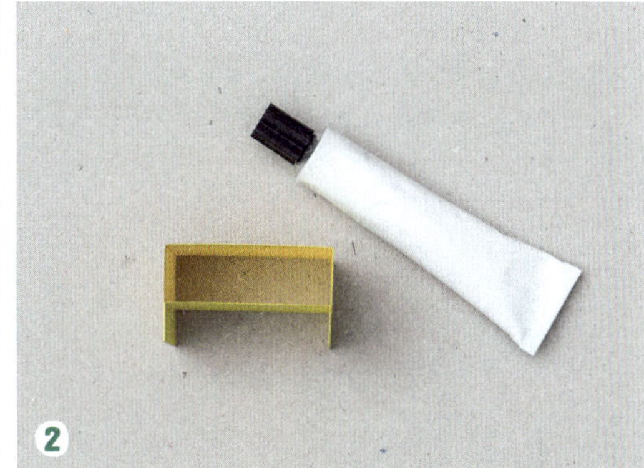
2

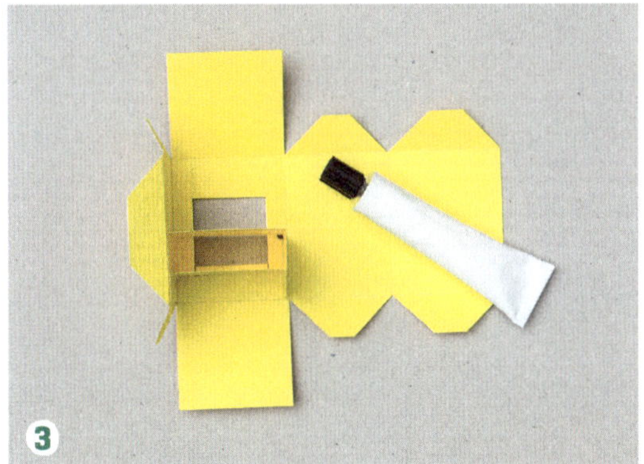
3

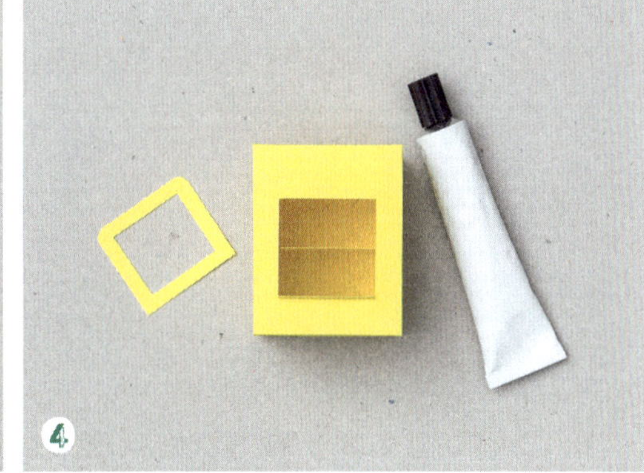
4

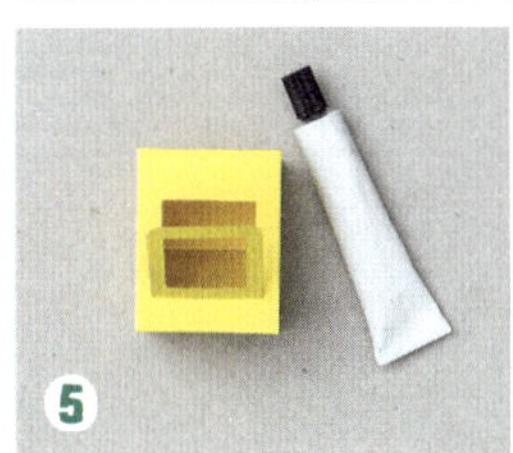
5

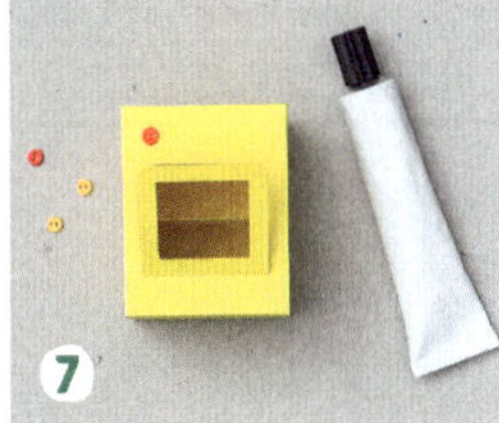
7

So geht's:

1. Die Vorlagen auf das Papier übertragen und sehr sorgfältig ausschneiden. Alle Faltlinien mit einem Falzbein nachziehen.

2. Die beiden Innenteile zusammenkleben.

3. Dann die Innenteile aufrecht auf die Innenseite des Herds kleben. Trocknen lassen.

4. Den Herd wie eine Schachtel falten, zusammenkleben und trocknen lassen.

5. Die Klappe an den schmalen Befestigungsstreifen an der vorderen Öffnung kleben.

6. Folie passend für das Fenster zuschneiden und auf der Innenseite der Ofenklappe festkleben.

7. Zuletzt die kleinen Knöpfe an die Vorderseite kleben.

FACHAUSDRUCK

Falzbein: Ein Werkzeug, mit dem man saubere Rillen in Papier oder Pappe drückt. Dadurch lässt es sich besser falten.

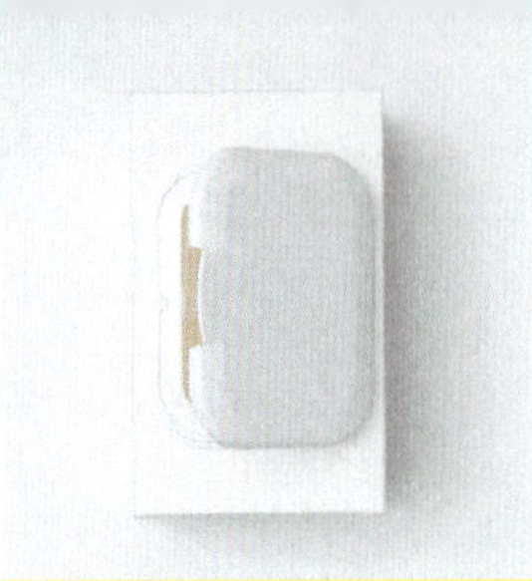

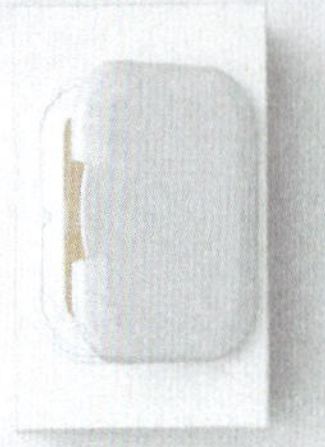

DER KÜHLSCHRANK

Material

- Cutter
- Bleistift, Lineal
- Klebstoff
- Falzbein

Recyclingmaterial

- Plastikdeckel von einer Packung Feuchttücher
- stabiles Papier

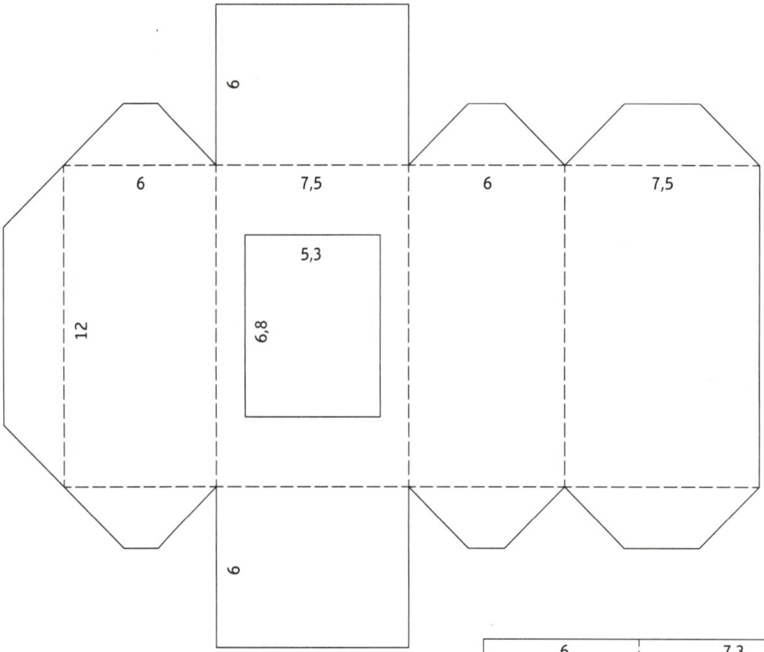

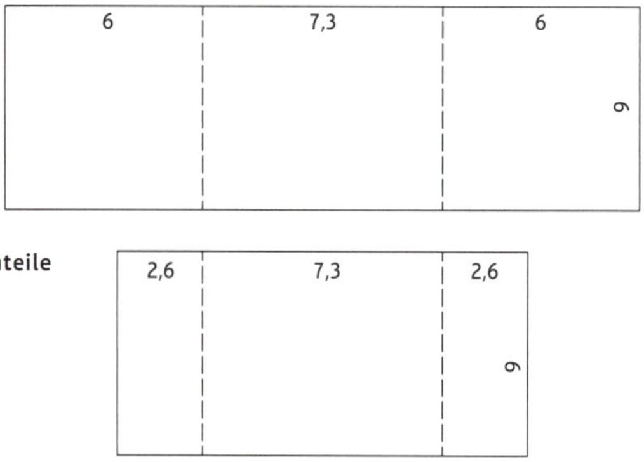

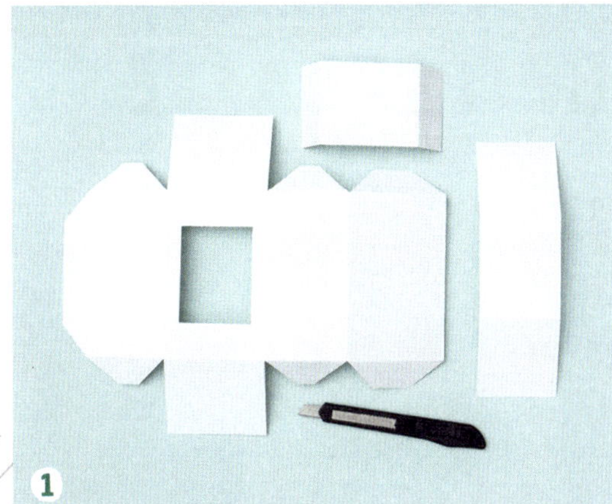

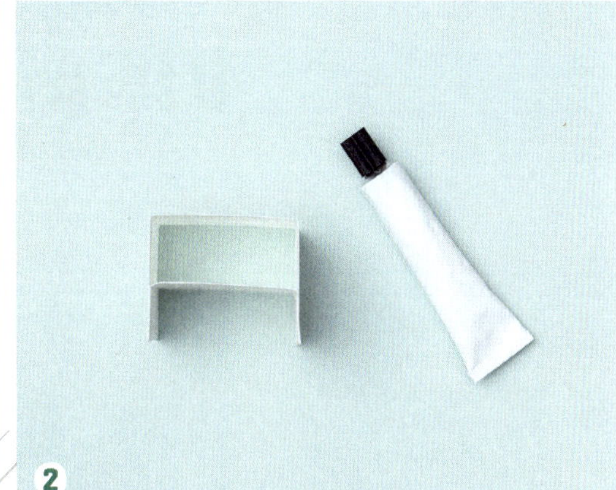

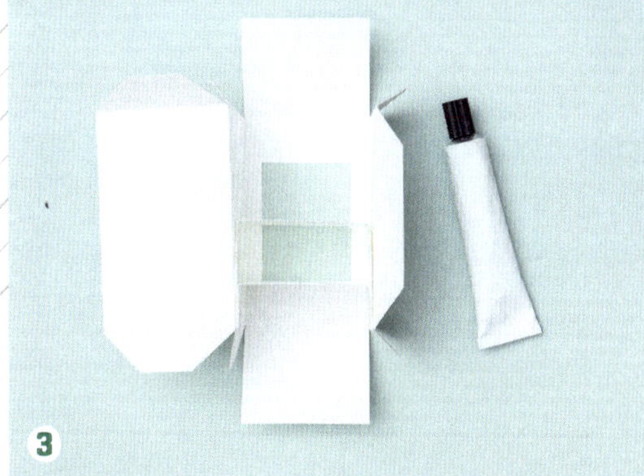

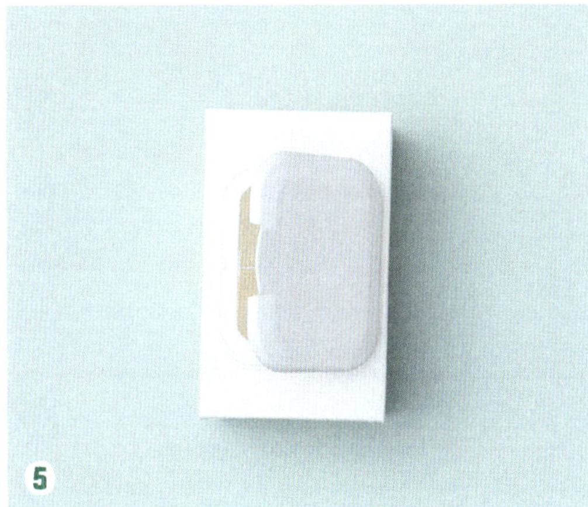

So geht's:

1. Die Vorlagen auf das Papier übertragen, dabei die Größe der Öffnung eventuell verändern, damit sie zum Deckel passt. Alle Teile sehr sorgfältig ausschneiden und die Faltlinien mit einem Falzbein nachziehen.

2. Die beiden Innenteile zusammenkleben.

3. Dann die Innenteile aufrecht auf die Innenseite des Kühlschranks kleben. Trocknen lassen.

4. Den Kühlschrank wie eine Schachtel falten, zusammenkleben und trocknen lassen.

5. Den Deckel der Feuchttücherpackung in der Öffnung verkleben.

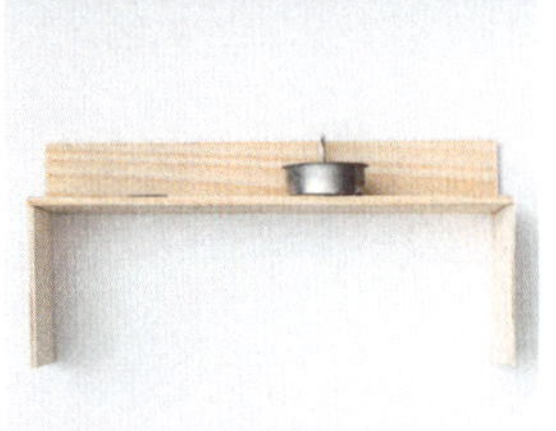

DIE ARBEITSPLATTE

Material
- Cutter
- Bleistift
- Lineal
- Heißklebepistole
- Papierklebeband
- 6 kleine weiße Perlen als Griffe für Schubladen und Wasserhahn
- weißer Stift
- schwarzes Papier, 5 x 6 cm
- Bohrer
- Draht

Recyclingmaterial
- Holzbrett, 5 mm dick, von einer Obstkiste
- Metallhülse von einem Teelicht

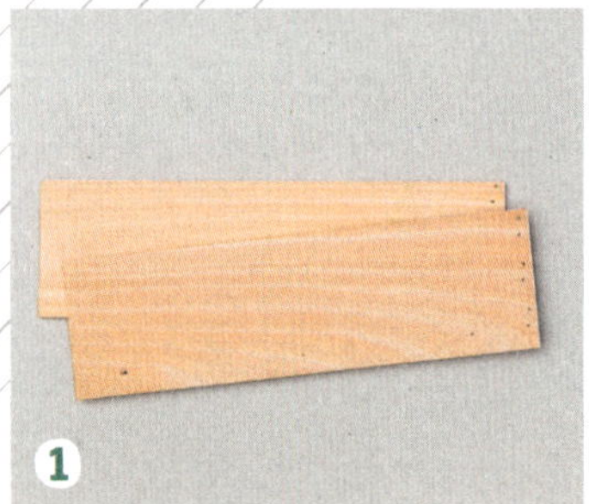

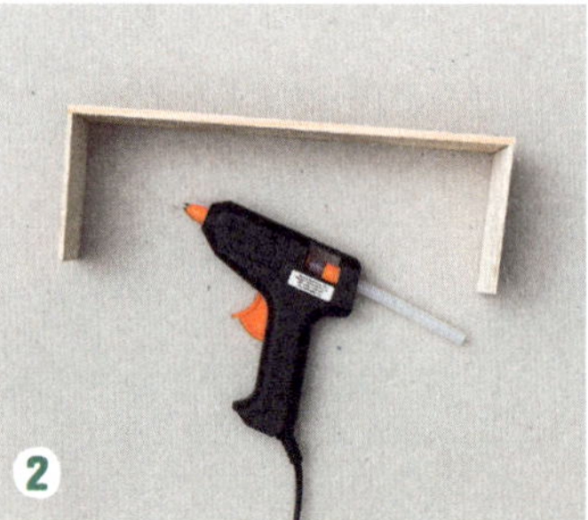

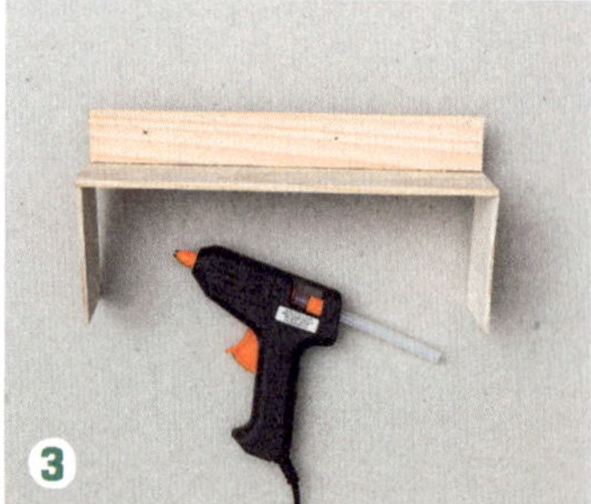

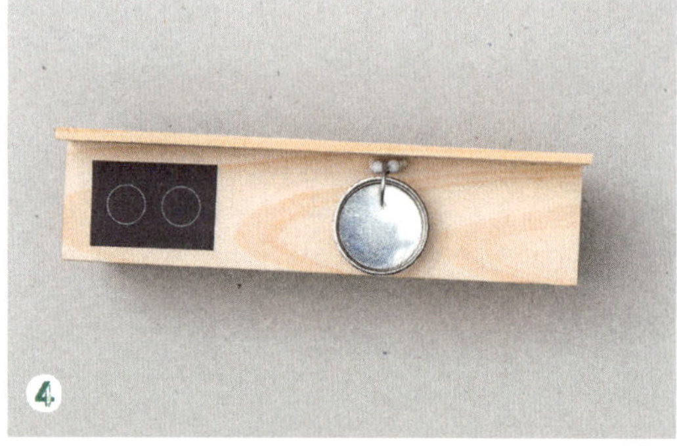

So geht's:

1. Aus dem Holz einen Streifen von 25 x 6 cm, einen von 25 x 3 cm und zwei Rechtecke von 6 x 8 cm zuschneiden. (Die 8 cm entsprechen der Höhe von 5 aufeinander gestapelten Streichholzschachteln, aus denen ein Unterschrank gebaut werden kann. Verändere dieses Maß, wenn deine Schachteln höher oder flacher sind.)

2. Die Seitenteile unter die Arbeitsfläche kleben. Die Nähte von unten zusätzlich mit Papierklebeband verstärken.

3. Die Rückwand festkleben.

4. Auf das schwarze Papier mit dem weißen Stift zwei Kreise zeichnen. Das ist das Kochfeld. Klebe es auf die Arbeitsfläche. Aus Draht und Perlen einen Wasserhahn basteln (siehe Badezimmer, S. 30). Ein Loch in die Arbeitsfläche bohren und den Wasserhahn hineinstecken. Achtung: Das Loch muss denselben Durchmesser haben wie der Draht.

5. Die Teelichthülse als Spüle aufkleben.

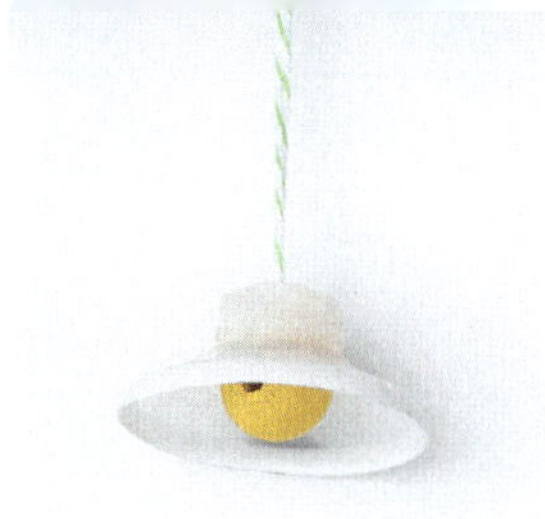

DIE KÜCHENLAMPEN

Material

- Schere
- dünne Kordel, 80 cm
- 2 große gelbe Perlen, ca. 18 mm Durchmesser
- 2 kleinere Perlen, ca. 10 mm Durchmesser

Recyclingmaterial

- 2 Plastiktuben, z. B. von Duschgel

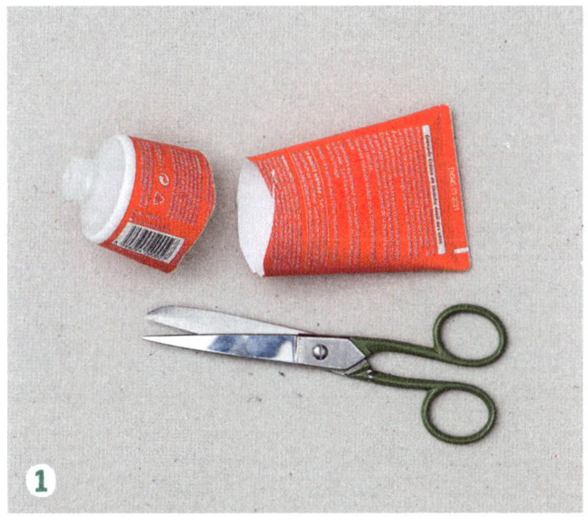

1

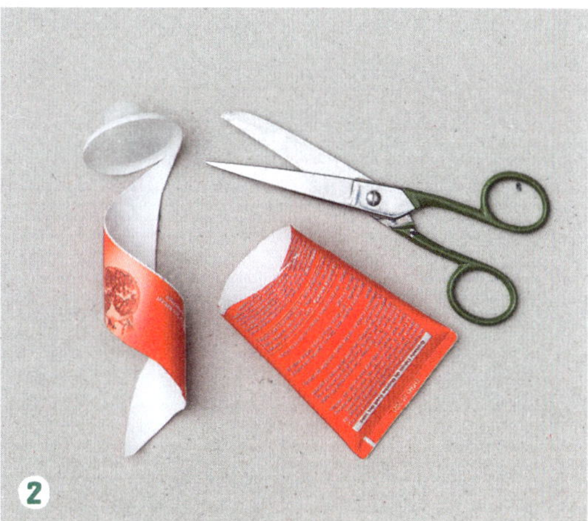

2

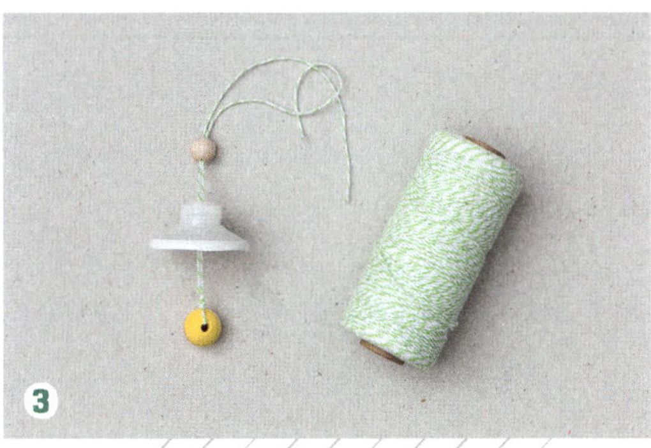

3

So geht's:

1. Schneide die Tuben durch und löse vorsichtig die oberen Tüllen mit dem Schraubgewinde heraus. Wirf die Reste, die du nicht mehr brauchst, in die Recycling-Tonne.

2. Schneide den Rand der Tülle sorgfältig und glatt ab, damit der Lampenschirm eine schöne Form bekommt.

3. Ein 40 cm langes Stück Schnur abschneiden, eine gelbe Perle auffädeln (das ist die Glühlampe), in die Mitte schieben und die Fäden verknoten. Beide Fäden durch den Lampenschirm ziehen, dann die kleine Perle auffädeln.

4. Ein Loch in die Küchendecke stechen, die Fäden durchziehen und verknoten.

DAS GESCHIRR

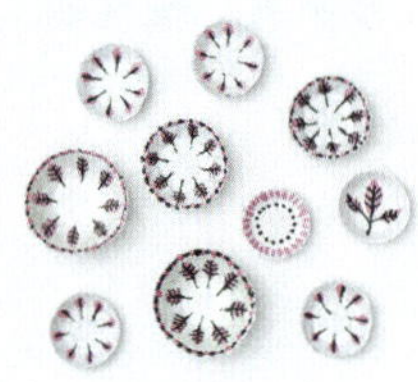

Material
- Schere
- Acrylfarben
- Pinsel

Recyclingmaterial
- Eierkartons

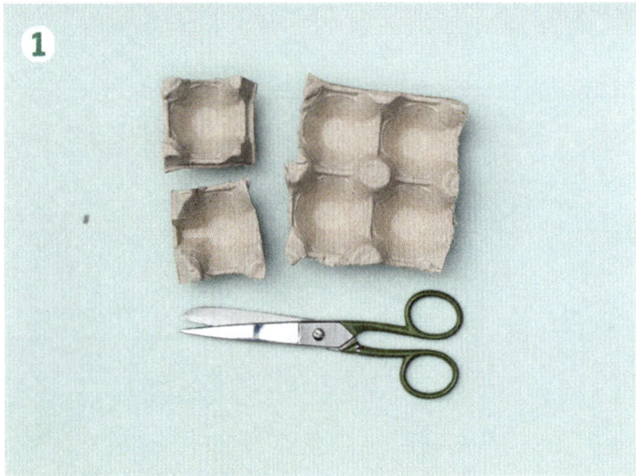

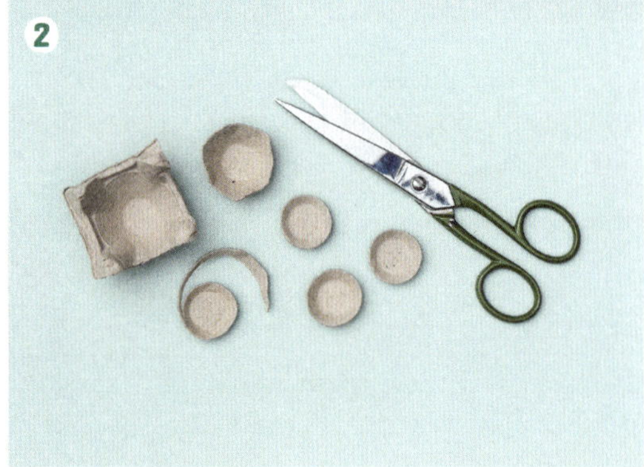

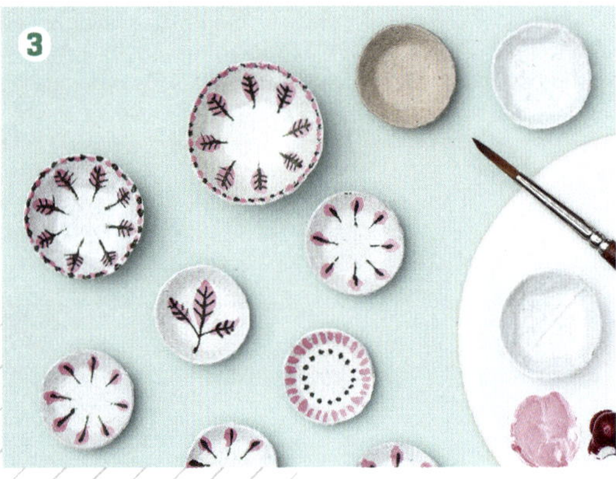

So geht's:

1. Die Eierkartons zuerst in einzelne Fächer zerschneiden.

2. Dann kannst du aus den Fächern kleine Teller und Schüsseln schneiden.

3. Nun wird das Geschirr bemalt. Die Farben und Muster kannst du selbst aussuchen.

EINFACHER

Wenn du keine Lust hast, die Teller zu bemalen, schau dich nach Eierkartons in verschiedenen Farben um.

DER MÜLLEIMER

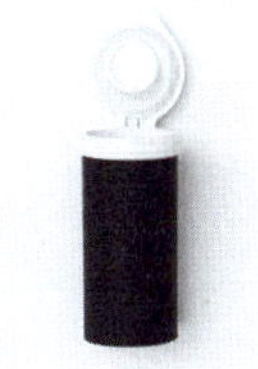

Material
- Lineal
- Bleistift
- Schere
- Klebstoff

Recyclingmaterial
- 1 kleines Tablettenröhrchen mit Deckel
- 1 Stück Papier

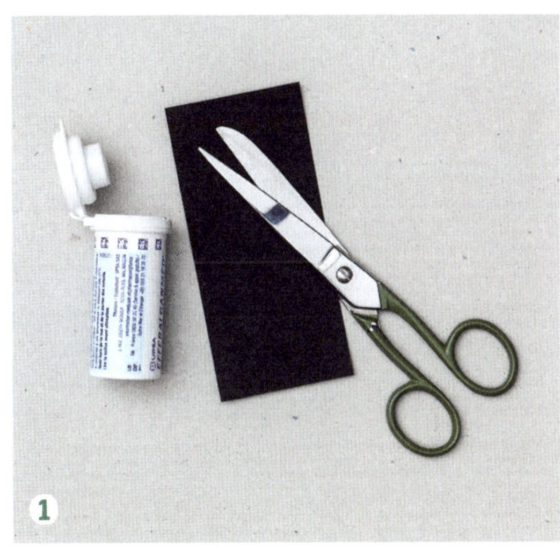

1

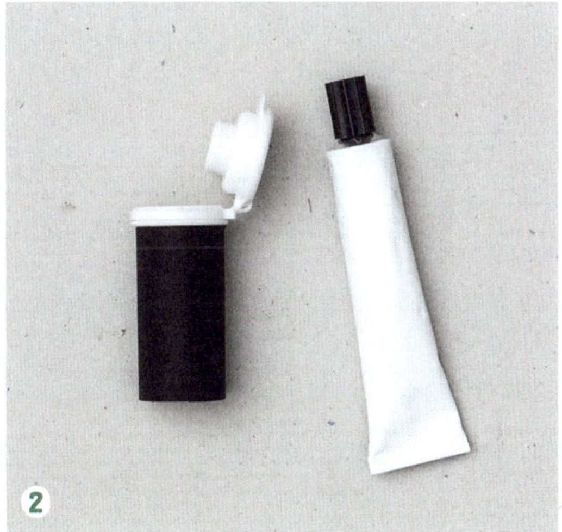

2

So geht's:

1. Schneide aus dem Papier ein Rechteck zu, das um dein Tablettenröhrchen passt.

2. Beklebe das Tablettenröhrchen mit dem Papier. Gut trocknen lassen.

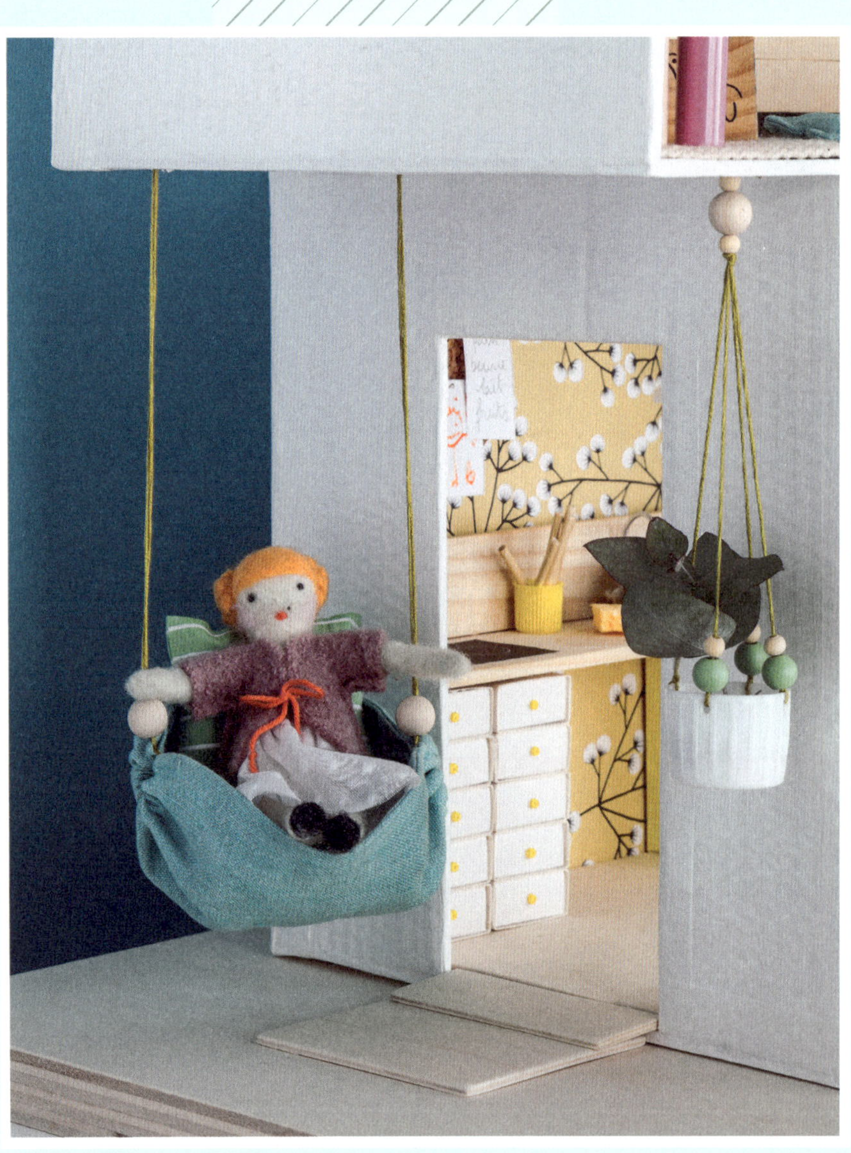

DIE TERRASSEN

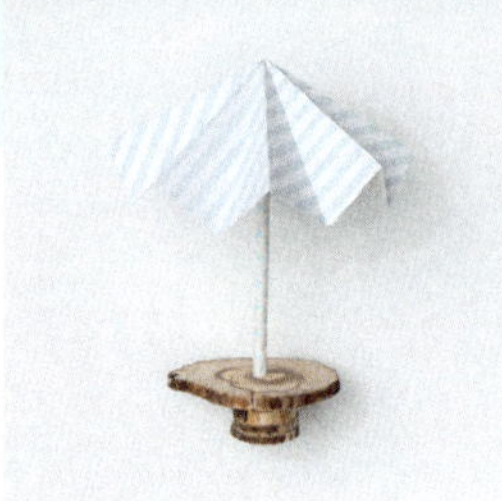

DER TISCH MIT SONNENSCHIRM

Material

- Heißklebepistole
- Schere
- Bohrmaschine
- Holzbohrer (gleicher Durchmesser wie der Trinkhalm)

Recyclingmaterial

- runde Holzscheibe, 8 cm Durchmesser, 4 mm dick
- runde Holzscheiben (oder ein Stück Zweig), 3 cm Durchmesser
- 1 Trinkhalm aus Pappe
- hübsches Papier, 15 x 15 cm

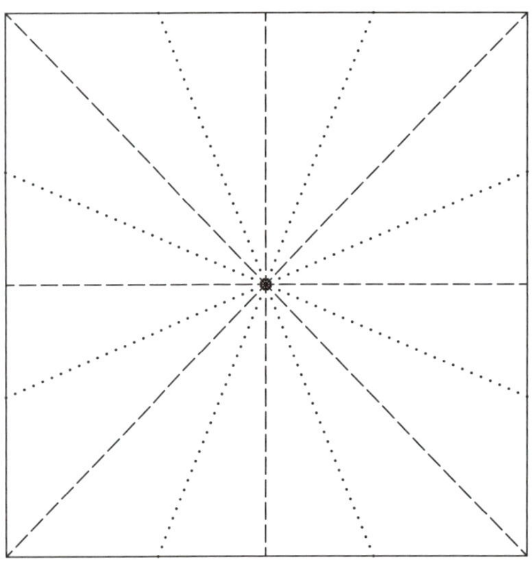

So geht's:

1. Die kleinen Holzscheiben mit Heißkleber aufeinander kleben, dann den Stapel (oder das Zweigstück) in der Mitte auf die Unterseite der größeren Holzscheibe kleben. Trocknen lassen.

2. Den Tisch umdrehen und ein Loch in die Mitte bohren.

3. Das Papier sternförmig falten (siehe Zeichnung links).

4. Die Falten abwechselnd anordnen: Bergfalte*, Talfalte*, Bergfalte, Talfalte und so weiter.

5. Von dem schmal zusammengefalteten Papier die Spitzen abschneiden.

6. Den Sonnenschirm öffnen und in Form zupfen. Den Trinkhalm mit der Heißklebepistole in der Mitte festkleben.

7. Den Sonnenschirm in das Loch im Tisch stecken.

FACHAUSDRUCK

Bergfalte: Eine Falte, die nach oben zeigt.
Talfalte: Eine Falte, die nach unten zeigt.

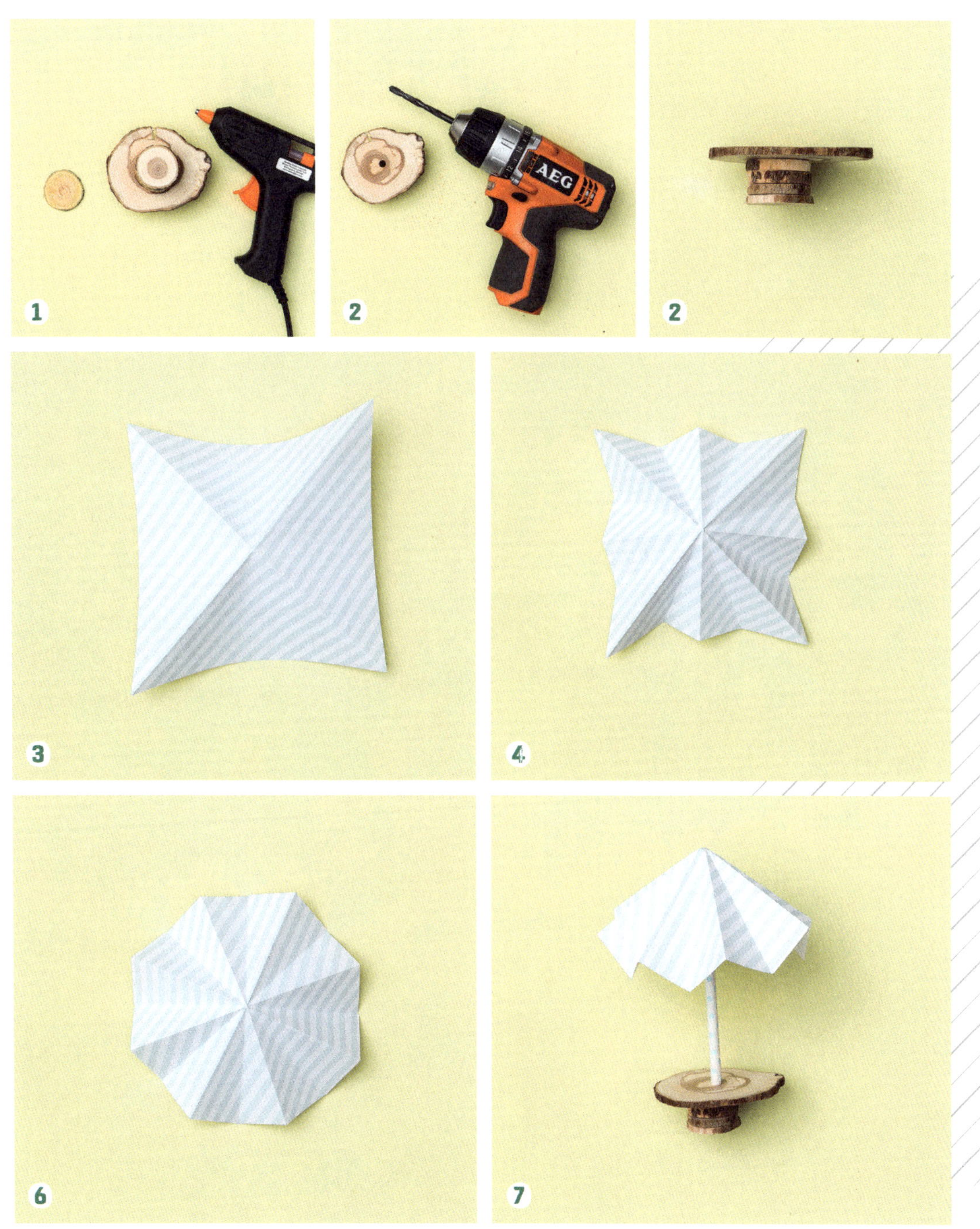
1
2
AEG
2
3
4
6
7

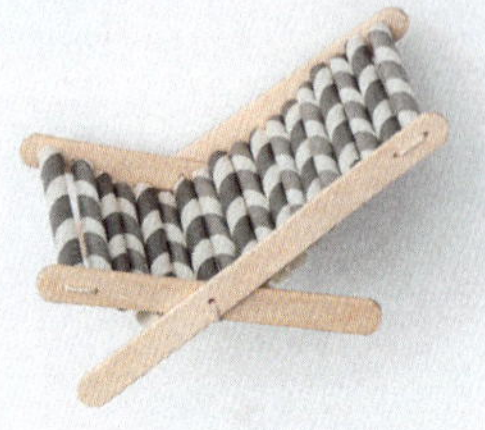

DER LIEGESTUHL

Material
- dünne Schnur
- Bohrer
- Klebstoff
- Cutter
- Schleifpapier
- Schere

Recyclingmaterial
- 6 Trinkhalme aus Pappe, je ca. 20cm lang
- 4 Eisstiele, ca. 1 x 11,5 cm

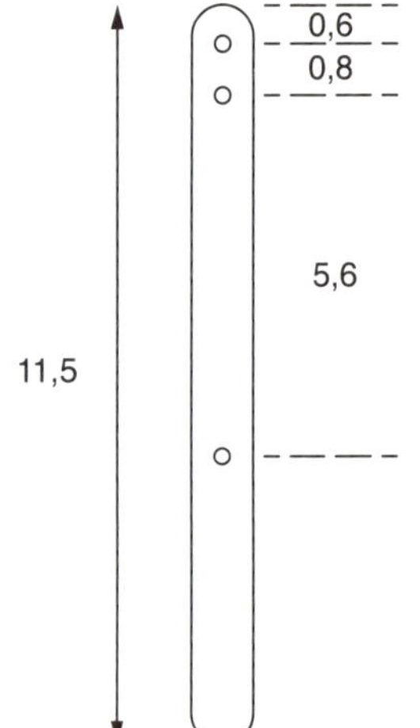

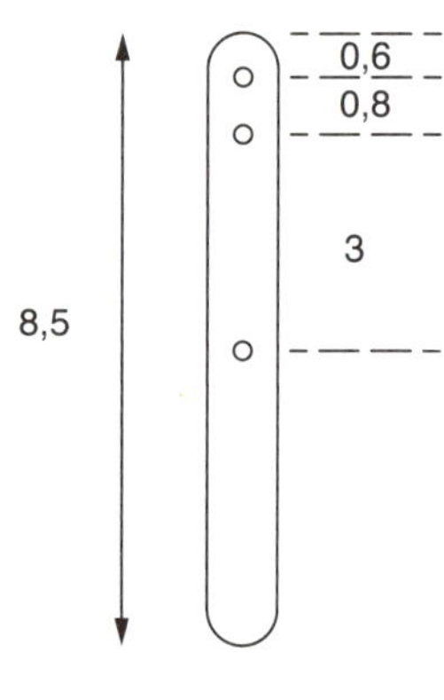

Alle Angaben in cm

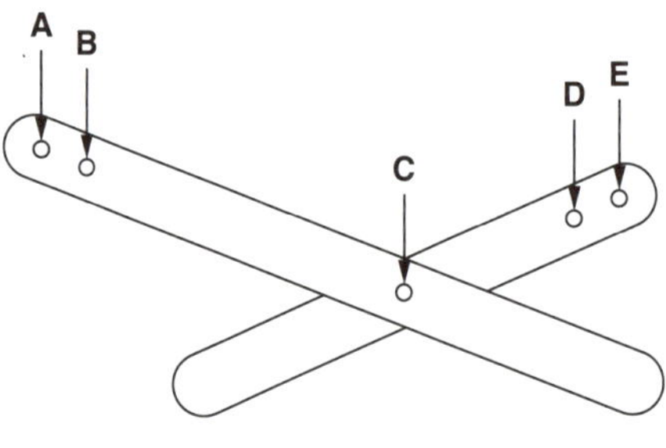

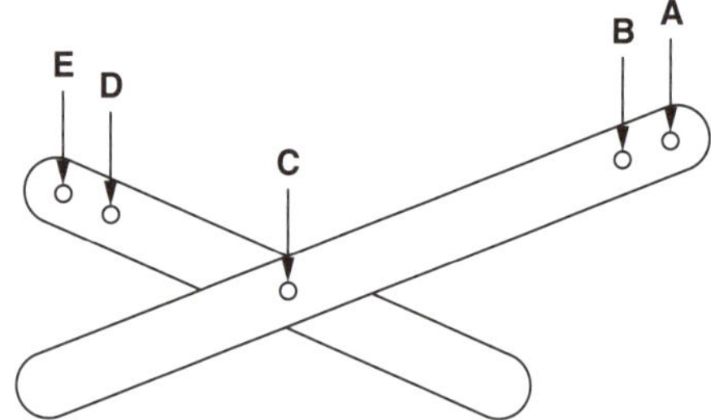

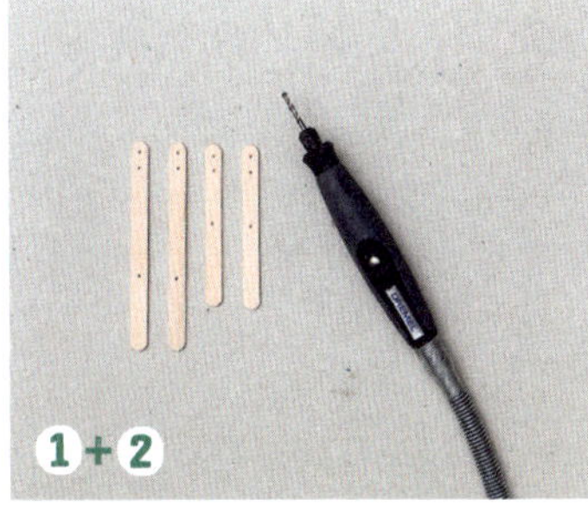
1+2

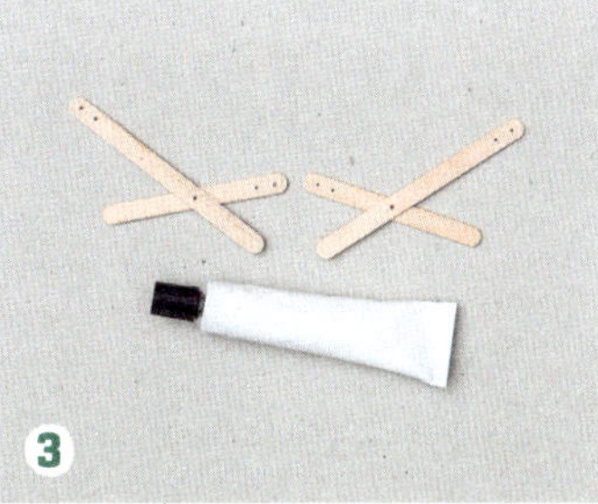
3

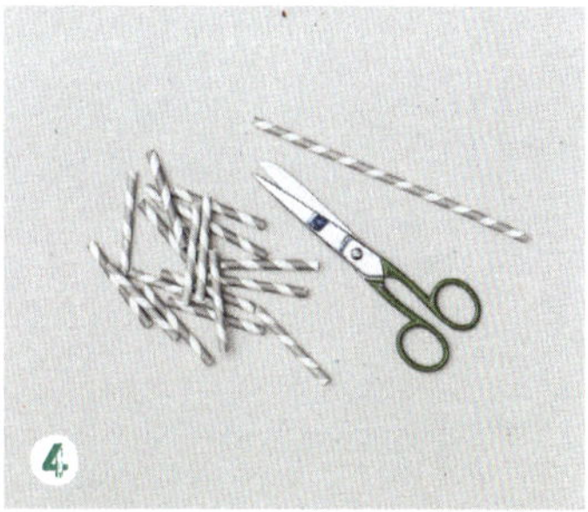
4

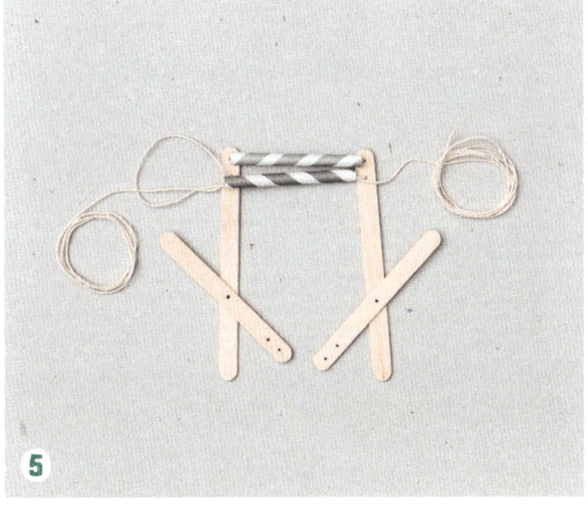
5

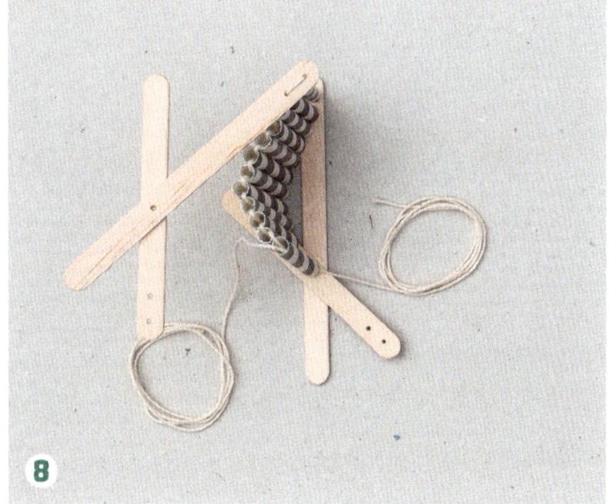
8

So geht's:

1. Zwei Eisstiele auf 8,5 cm kürzen (siehe Zeichnung links). Die abgeschnittenen Enden mit Schleifpapier abrunden.

2. Die Eisstiele entsprechend der Vorlage bohren.

3. Einen langen Eisstiel auf einen kurzen kleben (siehe Zeichnung) und trocknen lassen. Die beiden anderen Eisstiele spiegelbildlich zusammenkleben. Das Loch in der Mitte noch einmal bohren, falls Klebstoff hineingelaufen ist.

4. Jeden Trinkhalm mit der Schere in drei gleich lange Stücke schneiden.

5. Die Schnur durch Loch A in einem Seitenteil ziehen, dann durch ein Trinkhalbstück und durch Loch A im anderen Seitenteil. Die Schnur durchziehen, bis beide losen Enden gleich lang sind. Die Enden durch Loch B und ein Trinkhalmstück fädeln.

6. Verknote die Schnüre, um sie zu sichern.

7. Fädele die restlichen neun Trinkhalmstücke auf.

8. Ziehe die Schnüre durch Loch C in beiden Seitenteilen, um den 9. Trinkhalm zu fixieren.

9. Jetzt weitere fünf Trinkhalme auffädeln. Um den letzten zu sichern, die Schnüre durch Loch D in beiden Seitenteilen ziehen.

10. Den letzten Trinkhalm auffädeln und die Enden der Schnüre fest verknoten.

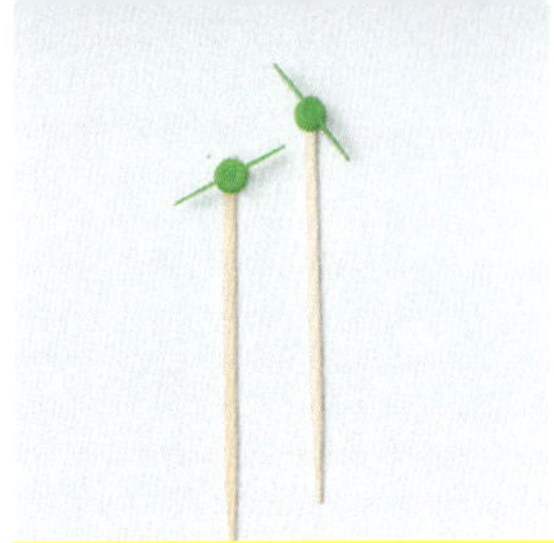

DIE WINDRÄDER

Material
- Heißklebepistole

Recyclingmaterial
- Essstäbchen aus Holz
- Deckel von Kompott-Quetschflaschen

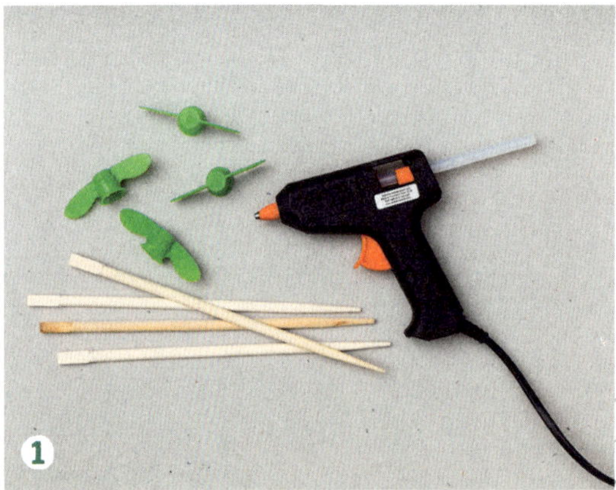

1

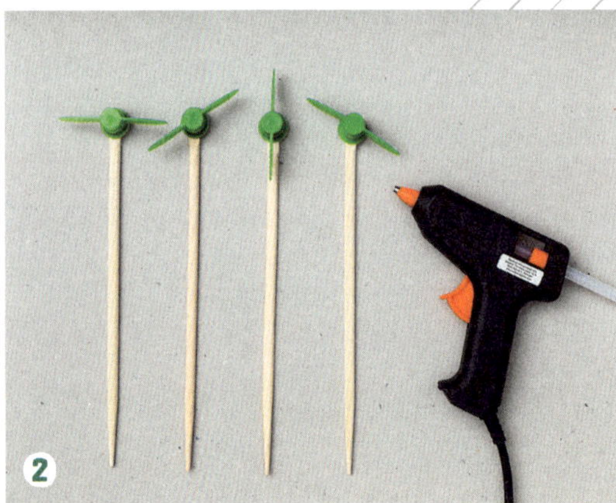

2

So geht's:

1. Die Deckel mit Heißkleber an den Essstäbchen befestigen.

2. Am schönsten sieht es aus, wenn die Flügel der Windräder in verschiedene Richtungen zeigen.

ANDERE IDEE

Wenn du keine Deckel von Quetschflaschen hast, kannst du die Flügel der Windräder aus Eisstielen zuschneiden.

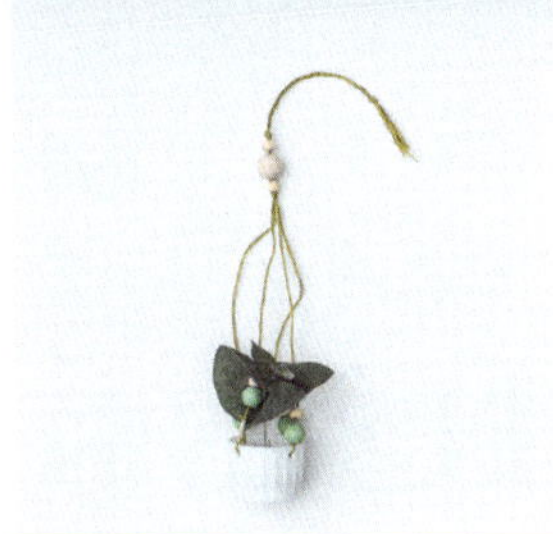

DIE HÄNGEPFLANZE

Material

- 4 Fäden Stickgarn, je 30 cm lang
- Schere, Bohrer
- 5 mittelgroße und 6 kleine Perlen
- lufttrocknende Modelliermasse

Recyclingmaterial

- 1 Flaschendeckel aus Plastik
- 1 kleiner getrockneter Pflanzenzweig mit Blättern

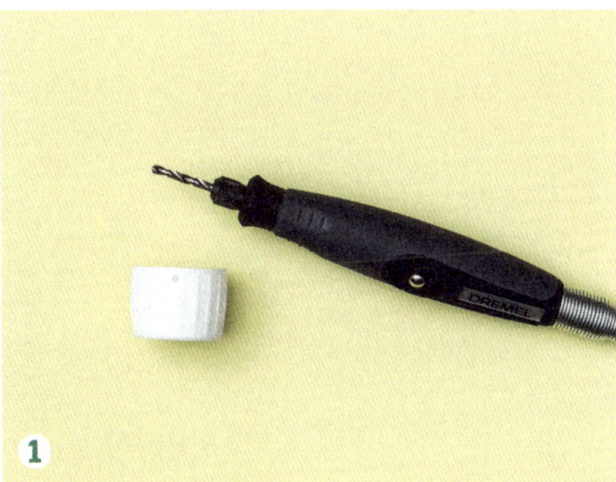

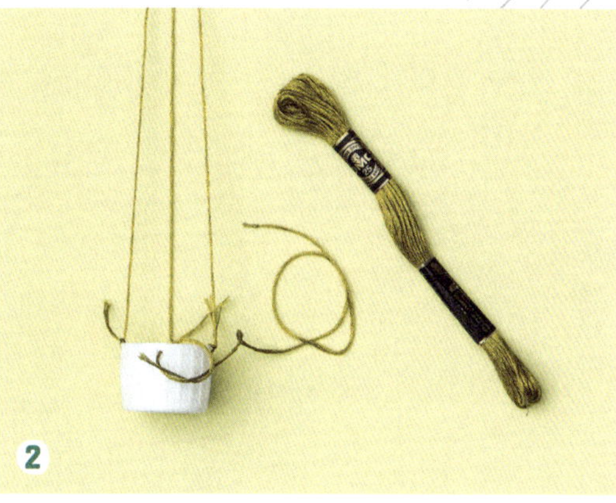

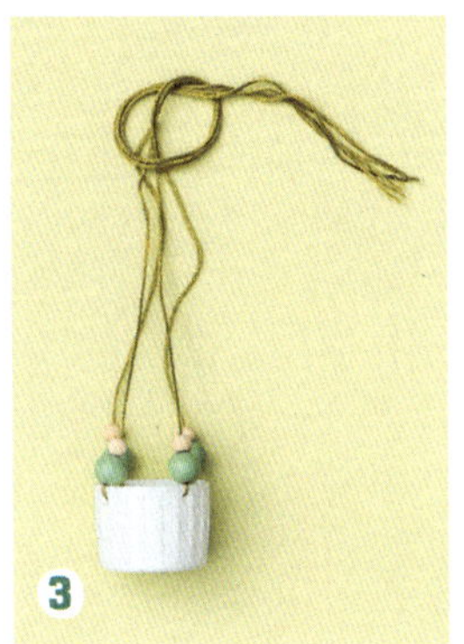

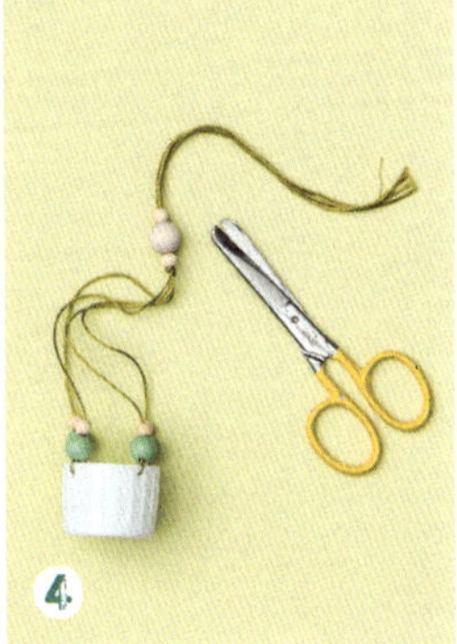

So geht's:

1. Bohre vier Löcher in den oberen Rand des Flaschendeckels.

2. Fädele durch jedes Loch einen Faden und sichere ihn mit einem Doppelknoten.

3. Auf jeden Faden zwei Perlen fädeln, dann die vier Fäden miteinander verknoten.

4. Drei Perlen auf alle Fäden ziehen und die Fäden darüber nochmals verknoten.

5. Die Fäden zu einem Zopf flechten und das Ende ein letztes Mal verknoten.

6. Die Modelliermasse in den Flaschendeckel drücken und den Pflanzenstiel hineinstecken. Dann kannst du die Blumenampel aufhängen.

IDEE

Für eine wahre Pflanzenlawine kannst du auch zwei Flaschendeckel übereinander aufhängen.

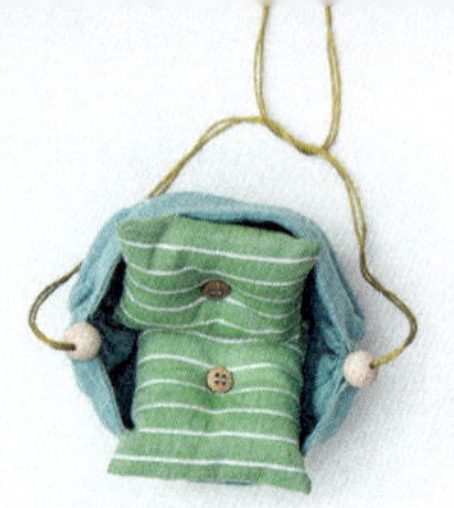

DER SCHAUKELSESSEL

Material

- Trickmarker
- Lineal
- Nadel und Faden
- dickeres Nähgarn, 60 cm
- 2 Holzperlen
- lange Stopfnadel oder Häkelnadel

Recyclingmaterial

- Stoffreste: 31 x 16,5 cm für den Sessel, 20 x 20 cm für die Kissen
- 2 kleine Knöpfe (z. B. Reserveknöpfe von einem Kleidungsstück)

So geht's:

1. Den Stoff für den Sessel doppelt legen. Ein Quadrat mit 14,5 cm Kantenlänge vorzeichnen und die Markierungen von der Vorlage einzeichnen. Zwischen den Markierungen A und B, C und D sowie E und F zusammennähen. Auf rechts wenden und bügeln.

2. Die Öffnung mit kleinen Stichen zunähen.

3. Die Linien zwischen den Markierungen 1 und 2 sowie 3 und 4 anzeichnen. Auf beiden Linien nähen.

4. Mit der langen Stopfnadel durch jeden Tunnel einen dicken Faden ziehen.

5. An den Fäden ziehen, um den Stoff zu kräuseln, dann die Fäden auf jeder Seite verknoten. Auf jeder Seite eine Perle auffädeln.

6. Für die Kissen den Stoff doppelt legen und zwei Rechtecke zuschneiden: 7 x 7,5 cm und 7 x 5,5 cm. Wie die Kissen für das Sofa nähen (siehe S. 20).

7. In die Mitte jedes Kissens einen kleinen Knopf nähen.

SCHEMA ZU BILD 1

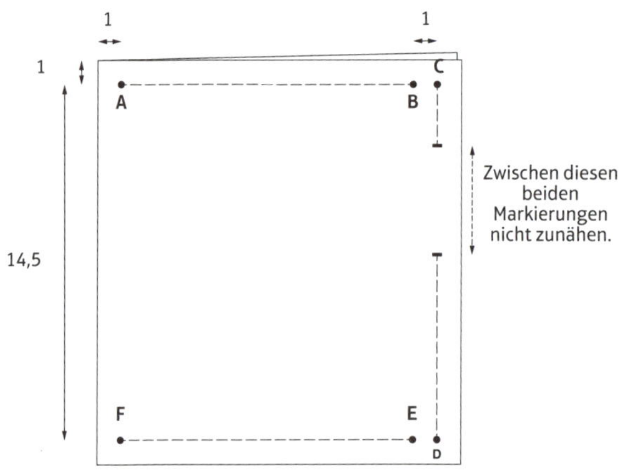

SCHEMA ZU BILD 3

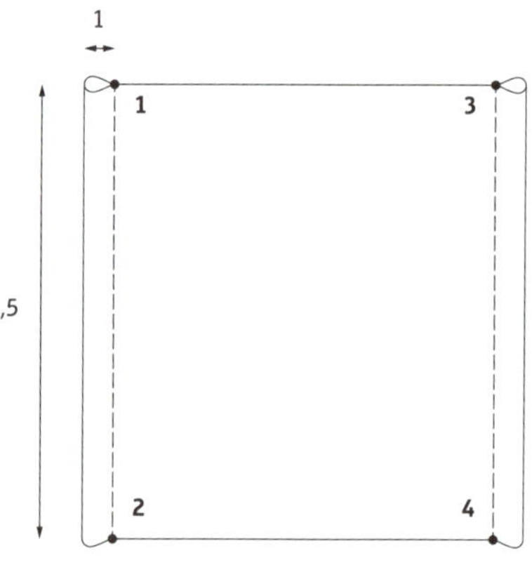

Alle Angaben in cm

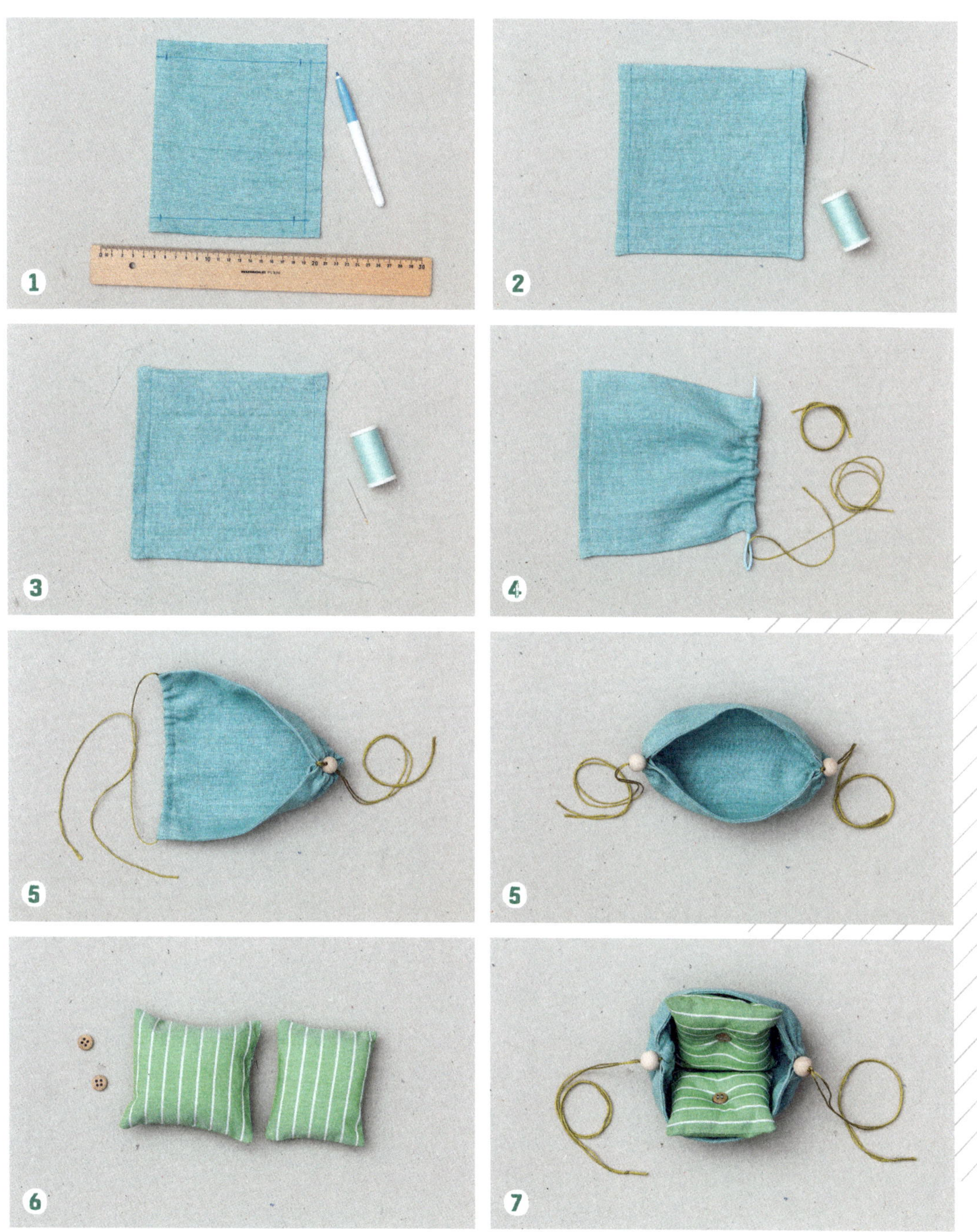
1
2
3
4
5
5
6
7

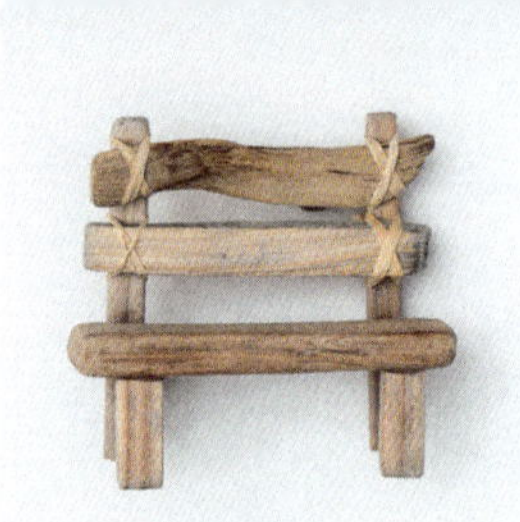

DIE BANK

Material
- Heißklebepistole
- Schere
- Bleistift

Recyclingmaterial
- kleine Stücke Altholz oder Treibholz
- Bast

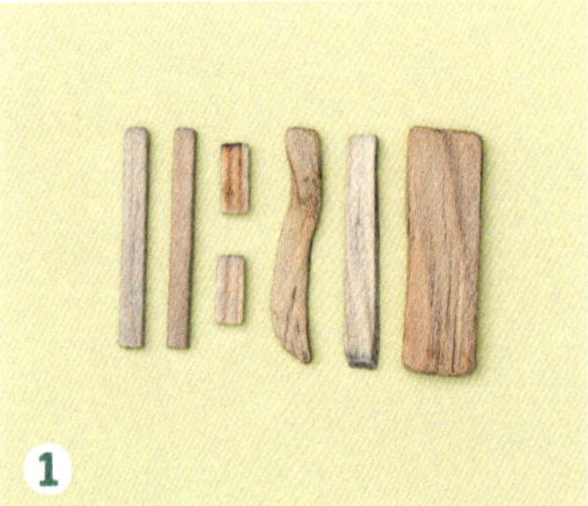
1

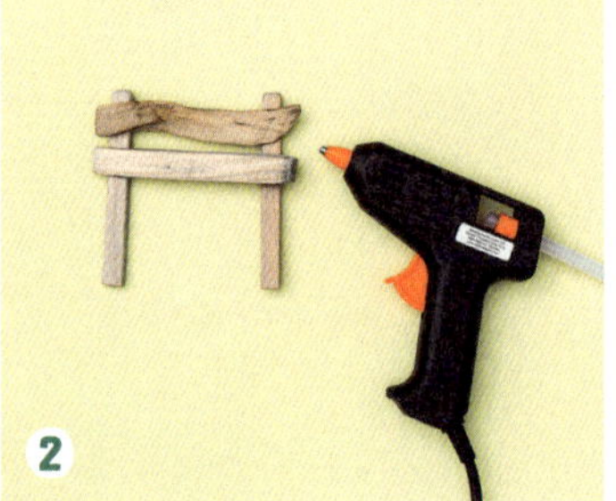
2

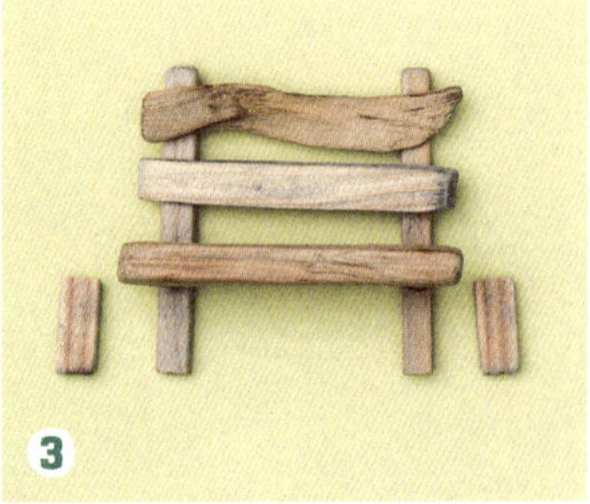
3

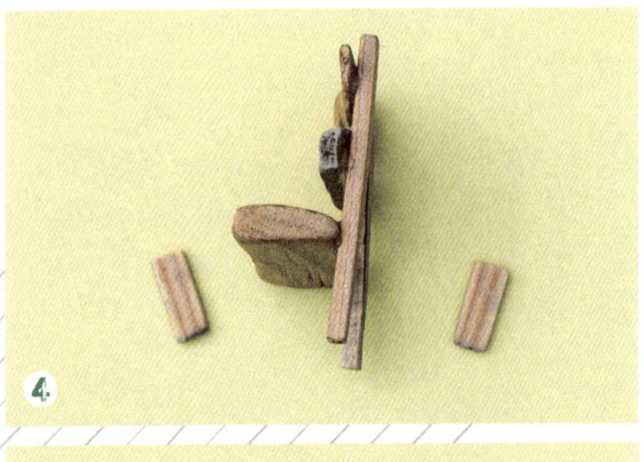
4

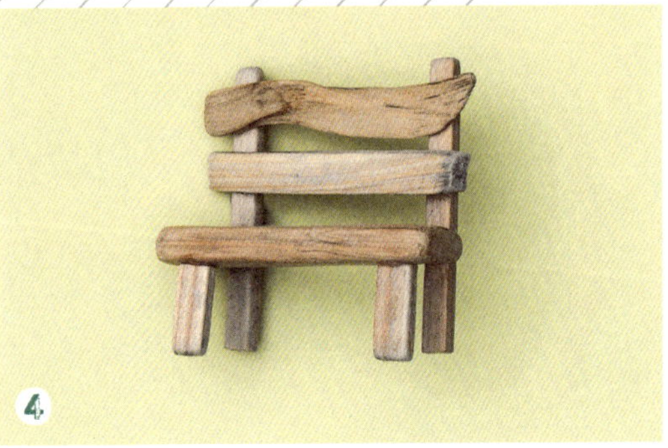
4

So geht's:

1. Du brauchst zwei lange und zwei kurze Beine, eine breite Sitzfläche und zwei lange Stücke Holz für die Lehne.

2. Zuerst die Stücke für die Lehne mit Heißkleber an den langen Beinen befestigen.

3. Zeichne nun einen Strich für die Unterseite der Sitzfläche an. Schneide die kurzen Beine auf die entsprechende Länge ab, damit die Bank später nicht wackelt. Die Sitzfläche festkleben.

4. Die beiden kurzen Beine festkleben.

5. Zuletzt zur Dekoration Bast um die Ansätze der Lehnenbretter an den langen Beinen knoten.

TIPP

In dieser Anleitung sind keine genauen Maße angegeben, damit ihr mit Holzstücken unterschiedlicher Größe arbeiten könnt. Das Bauprinzip für die Bank bleibt trotzdem immer gleich.

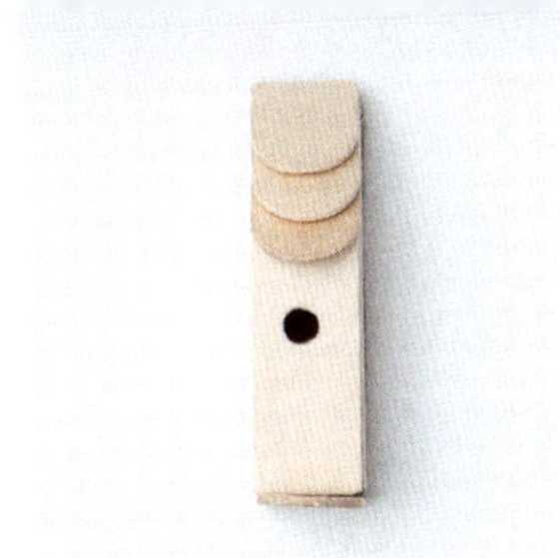

DER NISTKASTEN

Material
- Heißklebepistole
- Cutter
- Lineal

Recyclingmaterial
- 2 Holzspatel oder Bastelhölzchen

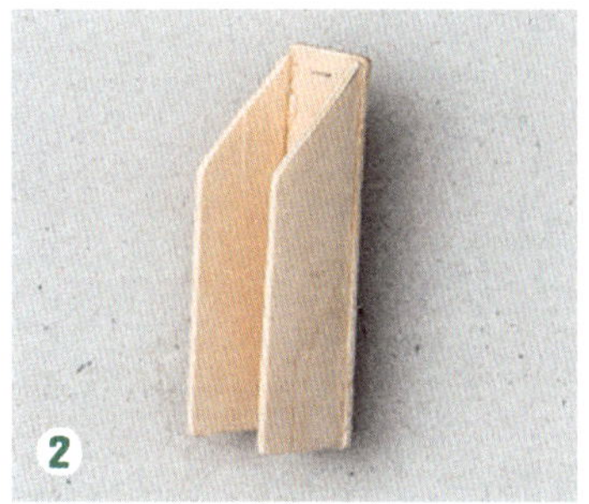
2

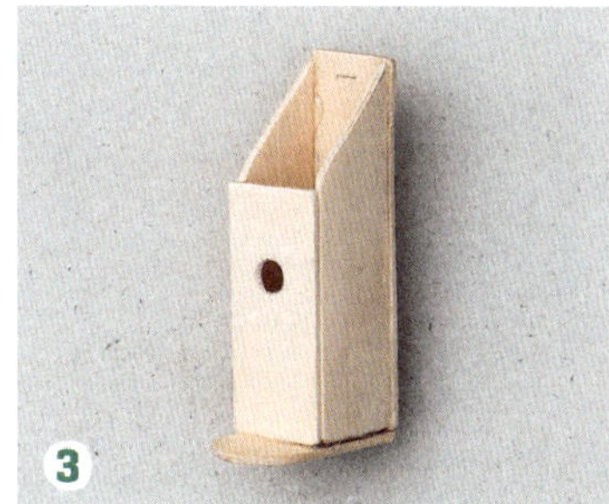
3

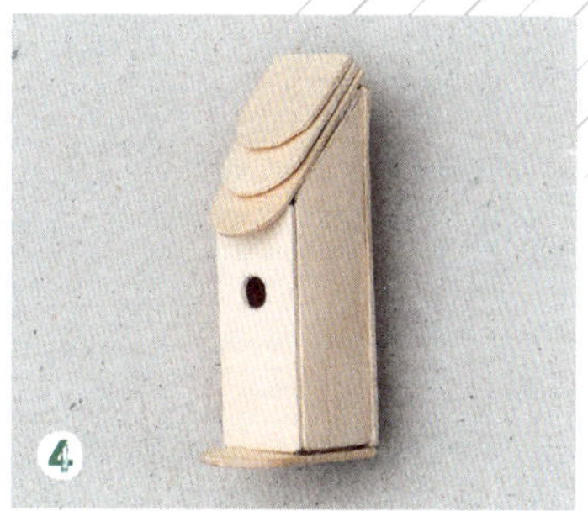
4

Alle Angaben in cm

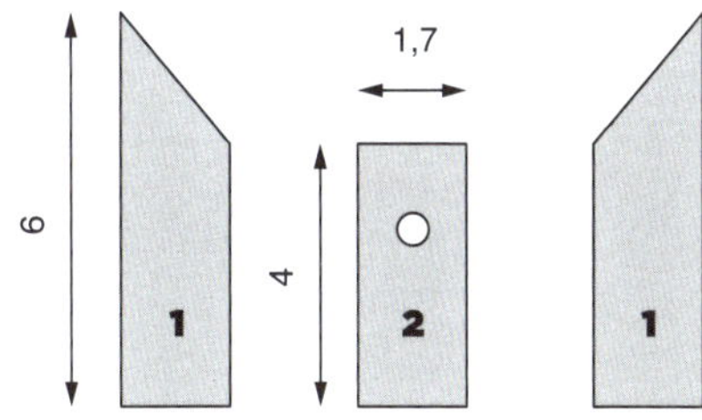

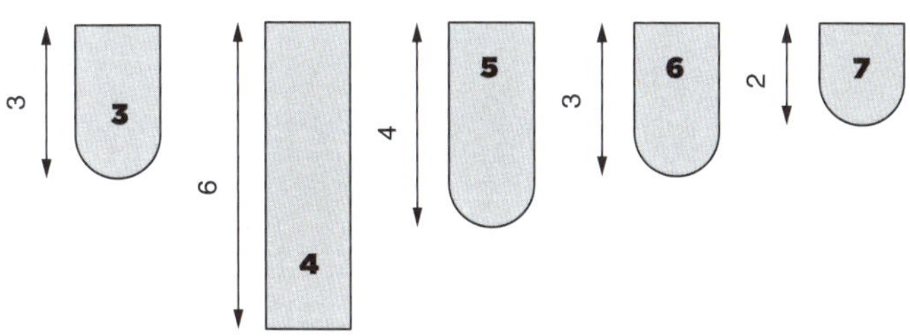

So geht's:

1. Schneide aus den Holzspateln mit einem Cutter die 8 Teile gemäß Vorlage zu. Bohre ein Loch in Teil 2.

2. Jetzt die beiden Seitenteile (2) an die Rückwand (4) kleben.

3. Die Vorderwand mit Loch (2) festkleben, dann den Boden (3).

4. Die Teile 5, 6 und 7 wie Dachziegel aufeinander kleben, dann auf den Nistkasten kleben.

Dank

Dieses Buch ist ein vierhändiges Werk. Eigentlich müsste auf dem Titel stehen »Valerie & Iris, Mutter & Tochter«. Ich habe meine Tochter in alle Schritte einbezogen, um ihr zu zeigen, wie ein Buch entsteht. Iris, vielen Dank für deine Hilfe, deine fantasievollen Einfälle und deine Begeisterungsfähigkeit.

Danke an meine jüngere Tochter Anaé, die jeden Morgen neugierig nachgeschaut hat, wie sich unser Haus verändert hat. Sie hat mir gezeigt, dass ein Puppenhaus ein wunderbares Theater für die Fantasie ist.

Vielen Dank an Frédéric für sein Wohlwollen und seine Freude daran, dieses Häuschen zum Leben zu erwecken. Danke für deine wunderbaren Fotos.

Danke an meine kleinen Nachbarinnen Selma, Jasmine und Lila, die unser Bauvorhaben neugierig beobachtet und jetzt mit dem Bau eines eigenen Hauses begonnen haben.

Ein großes Dankeschön an Vanessa, Julie und Ludmilla, die mir dieses liebenswerte Buchprojekt anvertraut haben.

Vielen Dank an Artemio® für die schönen Musterpapiere, die zu Tapeten wurden (außer im Badezimmer).

Über dieses Buch

ISBN 978-3-8094-4518-0

1. Auflage

Die Originalausgabe erschien auf Französisch unter dem Titel *Je crée ma maison de poupées 100% récup'*

Schritt-für-Schritt-Fotos: Valérie Jelger

Coverfotos sowie S. 8-9, 19, 27, 39, 51, 57, 69: Frédéric Baron-Morin

Projektleitung dieser Ausgabe: Dr. Iris Hahner
Umschlaggestaltung: Atelier Versen, Bad Aibling
Übersetzung: Wiebke Krabbe, Damlos
Redaktion und Producing: Dr. Alex Klubertanz
Herstellung: Elke Cramer

Penguin Random House Verlagsgruppe FSC® N001967

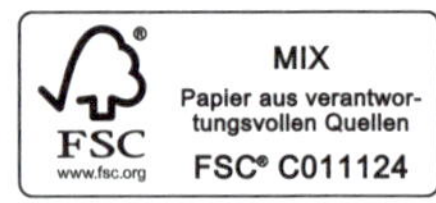

Druck und Bindung: Mohn Media Mohndruck GmbH, Gütersloh

Printed in Germany